U0507403

# 新时代翻译研究的多维阐释

李锋华 著

北京工业大学出版社

图书在版编目（CIP）数据

新时代翻译研究的多维阐释 / 李锋华著 . — 北京 ：
北京工业大学出版社，2022.7
ISBN 978-7-5639-8401-5

Ⅰ．①新… Ⅱ．①李… Ⅲ．①翻译－研究－中国
Ⅳ．① H059

中国版本图书馆 CIP 数据核字（2022）第 130057 号

## 新时代翻译研究的多维阐释
XINSHIDAI FANYI YANJIU DE DUOWEI CHANSHI

**著　　者**：李锋华
**责任编辑**：李倩倩
**封面设计**：知更壹点
**出版发行**：北京工业大学出版社
　　　　　　（北京市朝阳区平乐园 100 号　邮编：100124）
　　　　　　010-67391722（传真）　bgdcbs@sina.com
**经销单位**：全国各地新华书店
**承印单位**：唐山市铭诚印刷有限公司
**开　　本**：710 毫米 ×1000 毫米　1/16
**印　　张**：11.25
**字　　数**：225 千字
**版　　次**：2023 年 4 月第 1 版
**印　　次**：2023 年 4 月第 1 次印刷
**标准书号**：ISBN 978-7-5639-8401-5
**定　　价**：72.00 元

版权所有　　翻印必究

（如发现印装质量问题，请寄本社发行部调换 010-67391106）

作者简介

　　李锋华，渤海大学讲师。主持 2015 年辽宁省社会科学基金项目"提高中国文化典籍作品英译水平策略研究"，主持并参与多项省市级科研项目。主要研究方向为英语翻译及教学、跨文化交际与翻译等，发表过被 CSSCI 引用的文章，在省级期刊上也发表过论文。

# 前　言

　　不同语言群体之间始终发生着各种交往活动，翻译就成了一种基本的交往行为。有人认为翻译是一门科学，有人认为翻译是一门艺术，有人将翻译家称为"传声筒"，有人将他们称为"媒婆"，不同的界定与隐喻体现了人们对翻译有着不同的审视视角。归根结底，翻译是不同的语言信息之间的转换活动。在科技高速发展、计算机广泛应用的现代社会中，能否准确、及时、顺畅地接收信息、处理信息和输出信息，已经成了衡量社会发达程度的一个重要标志，也成为衡量社会是进步还是落后的一个重要尺度。作为交际媒介和信息转换的手段，翻译愈发凸显其重要性，并受到社会各界的广泛关注与重视，从事翻译工作的人数也与日俱增，翻译研究也越来越受到重视。为了进一步推动翻译学的研究与发展，研究者要不断地挑战、不断地拓展、不断地创新、不断地升华。如今，翻译服务已经渗透到经济、文化、科技等各个领域，社会对高质量应用翻译人才的需求也越来越迫切。

　　"一带一路"倡议实施以来，中国已和一百多个国家签订了合作协议，在多个领域展开了合作，目前的合作项目已超过三千个，范围涉及经济、文化、教育和科技等多个方面。"一带一路"倡议是经济全球化、文化多样化和信息社会化的产物，在这股潮流下，外语翻译的重要性不言而喻。高校作为培养翻译人才的摇篮，其教育目标是培养大批适应经济全球化发展、服务地方经济特色的高质量复合型翻译人才。因此，我们要将高校的翻译教学重视起来。

　　本书共五章，第一章为翻译的基础知识，分别为翻译概述、翻译的发展历程、中西方的翻译理论；第二章介绍了翻译的实践方法技巧，第一节为词汇的翻译方法技巧，第二节为句子的翻译方法技巧，第三节为语篇的翻译方法技巧；第三章为不同语体的翻译实践应用，分别从新闻语体、文学语体、公文语体、广告语体和旅游语体五方面对翻译实践应用进行详细介绍；第四章为计算机辅助技术的翻译应用，先具体介绍了计算机辅助翻译技术，继而介绍了计算机辅助翻译技术的实践应用；最后一章为翻译教学的理论与实践，共分为三部分，第一部分是翻译教学的基础理论知识，第二部分是翻译教学的不同模式，第三部分为翻译教学的实践应用与创新发展。

在撰写本书的过程中，笔者得到了许多专家学者的帮助和指导，参考了大量的学术文献，在此表示真诚的感谢。本书内容系统全面，论述条理清晰、深入浅出，但由于笔者水平有限，书中难免会有疏漏之处，希望广大同行及时指正。

# 目　录

# 第一章　翻译的基础知识

随着世界经济全球化的不断加深，国与国之间的交流日益频繁。翻译作为媒介和信息转换的手段，其重要性日益凸显。本章主要介绍翻译的基础知识，包括翻译概述、翻译的发展历程和中西方的翻译理论。

## 第一节　翻译概述

### 一、翻译的定义与内涵

#### （一）翻译的定义

如今，经济全球化日益加深，国家之间的沟通和交流日益频繁，使得世界范围内的翻译活动愈发广泛。不同国家、不同场合，都对翻译这一信息转换与交际媒介有所需求。所以，人类不断针对翻译展开技术性研究，且该研究态势繁荣向好。为使读者能够更好地从整体上认知、把握翻译活动，在开篇，本书将介绍翻译的基础知识，如翻译的定义等。

翻译有着十分悠久的历史，其诞生自千百年之前。纵观全世界，不管在西方还是在东方，每个国家都能寻找到翻译留下的痕迹以及相关历史遗存。众多学者从学术研究角度出发，在对翻译进行界定时有着不同的观点和看法。本书将分别从国外视角、国内视角出发，对不同学者界定的翻译进行对比。

1. 国外较有代表性的翻译定义

对于翻译，国外学者有着如下不同的界定：

其一，所谓翻译，就是转换一种语言为另一种语言，同时保证转换后的语义与原文一致。

其二，所谓翻译，就是在译语中，无论是文体还是语意，都对最自然、最切近的对等语进行使用，最大限度实现对源语信息的再现。

其三，所谓翻译，是用目的语（第二种语言）重新表达源语（第一种语言）时所呈现的内容，同时，尽最大努力在语体、语义等方面保持等值。

其四，所谓翻译，就是用目的语（第二种语言）中对等的话语材料替代源语（第一种语言）的话语材料。源语（译出语）与目的语（译入语）是构成翻译的两种存在状态。

其五，所谓翻译，就是按照原作者所意想的方式，将一个文本的意义向另一种文字移入。

2. 国内较有代表性的翻译定义

对于翻译，国内学者有着如下不同的界定：

其一，所谓文学翻译，就是用一种语言传达原作的艺术意境，从而使读者在对译文进行阅读时，能够如同对原作进行阅读一样，从中得到美的感受，收获感动与启发。

其二，翻译在传播学中有着一定的地位。翻译属于跨文化的交流与传播。

其三，翻译是语言活动中非常特殊的组成部分，其内涵是转变一种内容为另一种内容，同时保证再现过程的完整实现。

其四，所谓翻译，就是尽可能有效、充分地将发送者（其具有某一种文化背景）用某种语言表达的内容，向使用另一种语言的接受者（其具有另一种文化背景）传达。

其五，所谓翻译，是最为重要的文化沟通、交流活动，是交换两种语言文字的活动。

其六，所谓翻译，旨在对知识与文明的传播加以促进，用另一种语言表达某一种语言的意义与精髓。

其七，所谓翻译，要对原文予以尊重与重视，最大限度地对中国的语文习惯进行表达。

其八，在翻译中，译者不能只对原文的字、词、句进行简单翻译，因为对原文精神、内容的表达是最重要的。

在了解前文所阐述的国内外对翻译的不同界定后，我们发现，虽然翻译的定义各有不同，但也能从中总结出关于翻译的共同点，且该共同点可谓"亘古不变"：翻译就是转换不同文字的活动，并且其有着自身的特点。

其一，翻译后的作品，在风格上应当与原语言作品等值；其二，为实现这种等值，译者不能生搬硬套，更不能为追求形式对等，对源语中重要的东西进行省略；其三，在翻译时，译者应当重视与强调文体在个性上的差别，注重不同文体、体裁文章的差异。

在翻译时，以翻译自身的定义为准绳与依据，译者要额外重视翻译的两个因素：一为准确性，它可谓翻译的首要条件；二为表达性，它的作用在于能够让翻译后的文字更容易被读者理解，也更具有魅力、更加生动。当然，在翻译的过程中，译者最需要注重的是，既要实现文字的转换，又要保证原文的意思不被改变。在翻译的过程中，优秀的译者会选择与原文作者意思相符合的句式结构、字词，更为谨慎地贴合原作者的意思。除此之外，译者还需要清楚、生动地表达原文的内涵与思想，让翻译后的文章既准确无误，又灵活生动，避免呆板。

### （二）翻译的内涵

通过上述阐述，我们已经认识到，所谓翻译，就是将一种语言反映的原作特质用另一种语言的创造性方式进行再现。翻译也是一种跨文化、跨语言的交际活动。翻译的过程一方面是转换语言的过程，另一方面也是对不同社会特征的文化转换进行反映的过程。

语言学家索绪尔提出了结构语言学理论，以此为依据，我们能够认识到，翻译的媒介在不同规则的符号系统中存在着。对于人类来说，"语言"是其最重要的符号系统。如果说，人类在交际中对信息进行传导，那么这种传导所依靠的工具就是"语言"。语言这种传导工具的特征表现为层次性、线条性，一方面，其构成于句法、语法、词汇、语音；另一方面，词与词之间的聚合组合并不是随意的、杂乱无章的，而是需要遵循一定的规律。任何文化都有自身独特的语言规则，如英语对语态变化十分注重，而汉语则对虚词、语序十分注重。

翻译学是一门人文社会学科，其具有综合性、开放性、独立性。翻译学是对翻译进行研究的学科，是一门综合性学科，介于计算机科学、信息论、心理学、文化学、国情学、社会学、文艺学、语言学等学科之间，也有人将其称为"多边缘交叉性学科"。

翻译与翻译学有着多元性的内容、内涵、界定，这也充分表明翻译活动具有复杂性。因此，翻译活动的开展应当在一定科学方法论的指导下进行。

## 二、翻译的性质

### （一）翻译具有社会性

因为使用不同语言的人类之间需要进行交流，所以人类社会存在翻译活动，且必然存在翻译活动。人类社会发展到一定阶段后，翻译也应运而生，并且伴随人类社会的发展而不断演变，变得愈发丰富。通过对历史进行观察、研究，不难看出，在人类各民族交流的过程中，翻译始终是最主要的方式。

### （二）翻译具有文化性

立足翻译的功能角度来说，"对语言障碍进行克服，令使用不同语言的人能够实现精神沟通、交流"是其所具有的一项本质功能。这种精神的沟通与交流，主要源于文化层面的交流。从这种意义来讲，在人类精神文化中，翻译可谓非常重要的活动之一，同时，它也是对一个国家、一个民族的文化发展进行促进的一项最基本因素。

立足翻译的全过程，文化语境时刻影响着翻译活动的开展。有学者研究了"五四"时期的翻译，对译作语言所经历的几个转变过程（文言、白话、"欧化"语言）进行分析，发现这种变化紧密关联于当时的文化语境。

从翻译实际操作层面来看，因为文化与语言的特殊关系，在具体的语言转换过程中，译者必须对文化因素进行考虑。翻译的基本任务就是沟通理解、传达意义，因此其从本质上就具有文化性，这是毋庸置疑的。

### （三）翻译的符号转换性

有的人将翻译活动在"语言活动的认识"方面进行严格的限制，这种认识无疑是片面的，有其局限性，实际上翻译活动的具体转换手段是"符号的转换"。从这一角度来看，翻译活动首先体现于符号的转换层面。所以，在转换符号的过程中，对语言符号或数码符号、绘画符号、音乐符号等进行理论研究，能够帮助我们对实际转换过程中遇到的困难、阻碍有更全面、深刻的认识与理解。

### （四）翻译的历史性

我们可以从多个方面对翻译的历史性进行认识。第一，我们必须在人类悠长的历史中考察翻译活动。以此为基础，我们能够明确地认识到，翻译活动的内涵与形式在人类的历史发展过程中得到不断丰富。同时，在不同的历史阶段，翻译也或多或少、或大或小地发挥着它的作用。第二，从翻译活动的可行性来看，伴随历史的发展，人类的翻译能力也日益提升，这一结论已在大量翻译实践活动中得到证明。第三，从具体作品的翻译来看，翻译的历史性体现在理解、表达、接受的整个过程中。而"翻译无定本"的说法，一方面反映了具体的翻译活动所具有的历史局限性，另一方面也揭示了翻译需破除局限性、不断创新发展的必要性。

## 三、翻译的分类

"翻译"这个术语是一个笼统的概念。广义地讲，翻译包括语言和非语言符号之间的转换。利用某些手段成功地将一种语言转化成另一种语言是对翻译狭隘的定义和理解。我们可以将整个翻译活动按照不同的处理方法分为若干类型。

就翻译所使用的源语和目的语而言，翻译分为语内翻译、语际翻译、符际翻译。在世界范围内有众多不同的语言，而在不同的语言中也有着不同的语体，将同一种语言的各种不同语体进行翻译就是语内翻译。例如，将古代汉语译为现代汉语，将上海话译为普通话，将四川话译为广东话等。语际翻译就是把本族语译为外族语，或将外族语译为本族语。例如，将汉语译为英语或将德语译为汉语。符际翻译指各种非语言符号之间的转换。例如，当我们处在一个陌生的语言环境中，即使自己不懂该环境的语言，但当我们看到交通信号灯时，仍能解读出其含义。

口译、笔译、机器翻译和网络翻译是在活动方式层面针对翻译形成的不同种类。口译多用于外交会晤、经贸谈判、学术研讨和参观游览等场合；笔译多用于公文往来、商务信息、科学著作和文学翻译之中；机器翻译主要利用计算机和其他设备进行翻译，人工只在其中起到辅助作用；网络翻译则是随着计算机网络的普及而发展起来的一种新兴、快捷的翻译方式，主要依靠网络进行。

从文体方面而言，有以政治文献、科学著作和演说报告为主要内容的论述文体；以新闻评论、新闻报道和通信为代表的新闻文体；以私信、契约、合同和启事为代表的应用文体；以实验报告、设备和产品说明及科学著作为主要内容的科技文体；以诗歌、散文和戏剧为代表的文学文体。以上五种文体是翻译材料中最主要的文体。

就翻译活动的处理方式而言，翻译可分为全译、节译、摘译、编译。全译就是把原文原封不动地照译出来，译者不得任意增删或自行改动，但必要时可添加说明或评论；节译就是根据原文内容选段翻译，但应保持原作内容相对完整；摘译就是译者根据实际需要摘取原文的中心内容或个别章节进行翻译，内容一般是原作的核心部分或内容概要；编译指译者在译出原文的基础上以译文为材料进行编辑加工。

从文字表达方式而言，直译和意译是翻译最主要的文字表达方式。

## 四、翻译的基本原则

在翻译的过程中不能单单只有理论而脱离实践，而评判翻译实践的标准和准绳就是翻译的基本原则。国内外对翻译标准的讨论一直都没有停止过，正是在对翻译标准的讨论中，翻译理论的研究才得到不断发展和完善。我们借用前人的研究成果来指导翻译实践，在翻译的过程中，应遵守以下两个翻译的基本原则，即忠实和通顺。在翻译的过程中再现原文特色，表达出原文的思想、文体风格和内容就是忠实。在翻译的过程中，作为译者不能对原文歪曲、任意增删或者篡改和遗漏，因为在翻译的过程中译者仅仅是把原作品用另一种语言形象地表达出来，而不是独立创作。如果译文与原作不符，那就不能被称为翻译。对译者来说，要实现译文忠实于原作，先要对原文有正确的理解，并且吃透原文的词义、语法关系和逻辑关系。

如果翻译之后的文章中语言自然流畅、通俗易懂并且贴合译文语言的表达习惯，没有文理不通、晦涩难懂的现象，这就被称作通顺。

由此得知，翻译离不开"忠实、通顺"这两条目前翻译界公认的原则。实际上，忠实和通顺相辅相成。假如翻译忠实而不通顺，读者就会看不懂译文，失去了翻译的意义。假如翻译通顺而不忠实，脱离了原文的内容和风格，便失去了翻译的作用。

## 五、翻译对译者的素质要求

对于文化来说，语言是其重要的载体。以语言为媒介，我们方能传播、发展中国文化。如今，将中华优秀文化传播到世界各地，是翻译人员身上肩负的重要使命。可以说，文化传播以"翻译"为中转站。与此同时，也要看到，我们不仅要对字与字进行转化，实现"表面中转"，还要对文化意识形态进行传递，实现"深层次中转"。中华文化相较于西方文化的演变、进化，有着与众不同的文化特质，在此基础上，也对翻译能力提出了更高、更多要求。因此，译者一方面应当有着扎实的语言功底、出众的职业素养，另一方面也要有着深厚的文化素养。

在教育理论研究中，素质、知识、能力是十分常见的话语，并且这三部分往往被并列使用。其一，从心理学对素质的定义来看，所谓素质，是个体立足先天基础，受到后天教育训练与环境影响所形成的，有助于顺利地开展、从事某种活动的基础条件、基本品质。其二，人类认识的成果便是知识，而通过后天的教育训练，个人能够对知识进行获得。其三，个体能够顺利开展、从事某种活动的个性心理特征则是能力，能力包含特殊能力和一般能力，它是个体顺利从事、开展某种活动的基本条件与基本品质。通过阐述素质、知识、能力的定义，我们可以看出，能力与知识是素质的基本要素；个体素质在各种活动中的体现便是个体的能力，素质的外显形式就是能力。抛开能力，我们就无法把握、观察、表现素质。与此同时，我们也必须认识到，素质决定知识（尤其是现代科学文化知识），同时也依赖于知识。因此，所谓译者素质，指的就是译者应当具备的能力与知识。

### （一）职业素养

#### 1. 不偏不倚

归根结底，翻译属于跨文化交际活动。我们都知道，中外文化的不同存在于方方面面。在外国人与中国人看来，相同的汉语材料所携带的信息是不同的。所以，译者实际上承担着译文读者与原作中间的"中介工作"，扮演着"中介者"角色。因此，译者必须对客观事实予以尊重，公正对待中外双方，不偏袒任何一方，坚持中立立场。

从生态翻译学角度看，对原文与译文之间的交际生态进行最大限度的保护，就是翻译的终极目标。具体而言，在超越时空的前提下，译者一方面要平等地与原文作者展开交流，对原文作者的基本思想进行维持，另一方面也要对译文读者的接受与理解能力多加考虑，向其完整地传递信息，继而在译文读者与原文作者之间找到一个平衡点。

#### 2. 追求完美

假如说受到自身翻译水平的限制，译者没办法将令人满意的译作创造出来，在某种程度上是情有可原的，因为这属于客观上的欠缺。译者无法一下子提升翻译水平，往往要进行长时间的积累与学习。而只要能坚持用心学习、虚心请教，译者最终都能创作出满意的、理想的译作。但是，如果译者在翻译的过程中不用心、不出力，这种主观上的态度问题则应当是其深刻反思的。身为译者，必须拥有工匠精神，否则难以在翻译之路上不断前行。

置身信息化时代，无论从经济发展还是政治发展来看，我国都不断赶超世界水平。在这种背景下，知识有着极快的更新速度，不断涌现出数量庞大的新词。这些词语，有的被人们频繁应用，继而得以沿袭下来，有的则渐渐消失于语言的历史长河之中。我们要认识到，人不可能学习完某一种知识就一劳永逸，也不可能用同一种知识对过去、现在、未来的所有问题进行解决。所以，译者需要对各种工具书、资料进行广泛查阅，对所有能为自己所用的资源进行运用，坚持多方查证，从而更全面、更深刻地理解、认识翻译对象，将更加完善、达意、贴切的译文创造出来。

## （二）语言素养

翻译以语言素养为核心素养。语言素养囊括四个方面，分别为语言知识、语言技能、文化素质和语用能力。下面，我们对其分别进行简要介绍。

其一，语言知识。语言知识包括修辞、语篇、句子、词汇等方面。译者可以从不同的专业需求出发，延伸专业知识，对各专业领域的语言知识进行了解。

其二，语言技能。语言技能涉及如下四种：听、说、读、写。

其三，文化素质。语言必须依托文化方能存在，所以文化素质也被囊括于语言素养之中。文化素质包含如下三方面：文化鉴别能力与文化认同感；个体自身所具备的文化立场；价值观与情感态度。

其四，语用能力。翻译是运用语言的过程，所以一定的语用知识是译者所必备的。所谓语言的意义，归根结底是其在语境中的特定意义，因此译者应当从语境出发，对源语的真正意义进行推断。

在语用学研究中，"语境"是非常重要的概念。广义的语境指的是相关于语言使用的一切因素，涉及语言外情境与语言内情境；狭义的语境指的是使用话语时的上下文。译者应当认识到，语境决定着原文的意义，所以必须对"语境"进行把握，抓住这一线索对原文进行理解，尽可能地实现原文信息的真实再现。

例如：

犬子将于下个月结婚。

译文 1：My little dog is getting married next month.

译文 2：My son is getting married next month.

这个例子选自中国人写给外国友人的喜帖。译者在翻译之前要先了解交际语境。首先，交际双方来自中国和外国；其次，汉语中的"犬子"是对儿子的谦称，英语中没有这样的表达；最后，父母在公布儿子的婚讯时将儿子称为"犬子"，是对自己喜悦之情的控制。因此，译文 1 将"犬子"译成"My little dog"显然曲解了原文的语用含义，译文 2 的翻译是正确的。

## （三）转换能力

译者的转换能力体现在以下几个方面。

### 1.适应语言的意义

翻译是一种跨文化交际活动。跨文化交际就是根据意义选择语言、根据语言推敲意义的过程。从这个角度来说，对语言的适应其实是对意义的适应。译者要适应的语言意义主要有形式意义、言外意义、文化社会意义、联想意义等。

形式意义是指语言形式所承载的意义，包括语音、词汇、句法及修辞等。美国语言学家尤金·奈达曾经指出，语言形式是有意义的，在翻译时需要考虑形式，否则原文的风格就消失了。语言的独特性在于自身的语言规则和语言结构。有时候，在翻译中要再现原文信息内容，就必须调整语言形式。原因就在于，翻译中很难做到形式对等，最多就是形式相似罢了。

要想顺利地进行交际，不能满足于对字面意义的了解，还要深度挖掘对方话语中隐含的真正意义。因此，在翻译中，译者就要用目的语完整地传达出原文的言外之意，这样才能实现原文读者和译文读者获得相同的感受。这样的翻译，才称得上是原文和译文在精神上的桥梁。译者既要适应原文的言外之意，又要适应译文的言外之意，这样才能实现文化传播的目的。

语言是文化的一部分，对语言的理解不能脱离其所属的文化和社会语境。文化之间互相尊重、共同发展，应该是不同文化之间相处的正确之道。在翻译中，译者属于原文的文化语境，因此更需要适应的是译语文化语境。因此，译者需要在准确传达原文意义的前提下，考虑译语文化的接受水平。

联想意义是语言符号给人们带来的暗示性的意义。同一个事物在不同的语言里可能有着不同的联想意义，这也体现了文化语境的特点。

2. 选择翻译文体和方法

原文和译文之间真正的对等还必须包括文体的对等。翻译文体是译者创造的一种语言形式，是原文语言和译文语言的结合，要考虑原文语言的优势和译文语言的特点。可见，翻译文体的选择非常重要。译者要依据不同的传播渠道，将原文翻译成相适应的文体。当材料是通过声音途径来传播时，译者就必须使译文适合听，这就要求译者了解广播文体的要求，做到语言简洁、重点内容突出。

翻译是对文化的理解和阐释。在翻译的过程中，根据中西方文化背景的差异来决定选择何种翻译方法，是达到良好效果的关键。常见的翻译方法包括直译法、直译加注法、意译法、音译法。具体采用哪种翻译方法，要根据实际情况来确定。例如，当语用发生了转移时，最好采用直译法，这样译文更好理解；当翻译为科技内容时，对于那些行业内的专业词汇，最好选用音译法，保留原来的发言和国际上通用的命名；对于存在文化空缺的内容，可采用直译法加上适当的解释说明，否则容易造成歧义。

### 3. 具备多种意识

#### （1）多元文化意识

步入新的历史时期，我们应当认识到，精神文明建设愈发重要。置身经济全球化的背景中，作为传播文化的桥梁，译者必须具有文化意识。文化与经济就像我们的左腿与右腿，我们走路的时候，不能用单腿"蹦跶"，而是应当双腿并用，不然便谈不上"健全"。不同民族语言文化之间的交流是必不可少的，无论世界上的哪个民族，只要想不断发展，就不能自我封闭，而是应当碰撞、融合于其他文化。翻译在上述过程中，所发挥的作用是至关重要的。一方面，文化的多样性有助于人类文化的融合，为其提供前提条件；另一方面，文化的多样性对提升各种文化的存在价值以及辨识度大有裨益。在应对各种复杂情况时，人类可以从多样的文化中寻找可靠的支撑条件。人类的共同财产中就包括多样的文化，其提供源源不断的动力，促进人类文化的发展。只要不同文化之间不存在彼此抵制，那么整个文化世界必将生机盎然。我们必须肯定文化的多样性，树立多元文化意识，这是综合考虑当代利益以及子孙后代利益得出的结论。从人类共同的利益出发，各文化都应遵循文化多样性的观念，将新的平台提供给人类。可以说，唯有置身于经济全球化时代，理想意义上的文化多样性才能被建立起来；而多样性文化唯有接受经济全球化的时代洗礼，才是最值得人们憧憬的。

#### （2）主体意识

对于传统翻译理论而言，译者仿佛扮演着"仆人"的角色，为读者、作者提供服务，所要做的仅仅是再现文本意义，好似一种"隐形人"。然而，伴随着翻译研究的深入发展，越来越多的学者对译者的这种"仆人"角色有所怀疑，他们提出，在翻译活动中，译者居于主体地位。之所以出现这种观点，主要原因如下：

其一，翻译是一种实践活动，需要译者对其自身主观能动性进行充分发挥。

其二，译者并非仅仅在译文与原文之间起着"中介"作用，也在译文读者与原文作者之间扮演着"中介者"角色，更通过翻译活动，将一架沟通的桥梁架在两种语言、两种文化之间。这也反映出，在翻译活动中，译者居于核心地位。

其三，后现代主义与结构主义学派都对译者的主体性进行宣扬。无论国内还是国外，都有众多学者对翻译主体的唯一性予以坚持，他们认为，译者是翻译的唯一主体。例如，有国外专家指出，翻译活动中译者居于主体地位的原因在于，译者具有一定的翻译方案、翻译目的以及翻译动机，在翻译活动中，译者是最积极的因素。我国学者也认为，翻译的主体应当是对翻译实践、翻译认识进行参与的人，而无论是译文读者还是原文作者，都没有对翻译活动进行直接介入，所以唯有译者（从事翻译实践之人）方属于翻译主体。在翻译活动中，译者唯有对自己的主体性进行全面而深刻的认识，方能实现一定的创造性，方能将生命注入翻译作品之中。当然，我们也要注意，在树立主体意识的同时，译者也要避免过度膨胀、自负自满，避免随心所欲、任意妄为地翻译。唯有在译文读者、译者、原文作者之间将一种对话式互动关系建立起来，翻译生态才能真正有序而健康。

（3）读者意识

在中国翻译的历史实践中，译者很早便注意到了读者意识的重要性。在关于佛经翻译如何对文本进行选择的问题上，东晋高僧慧远曾这样说，"以文应质则疑者众，以质应文则悦者寡"，这句话讲的是，假如在对质朴的原文进行翻译时，使用的是华丽的文体，那么就会有较多读者持怀疑态度；假如在对华丽的原文进行翻译时，使用的是质朴的文体，那么就会有较多的读者对译文持不喜欢的态度。在这里，我们先不去讨论慧远这句话是对是错，应当看到的是，在翻译过程中，慧远对读者对译文的态度予以考虑。后来，人们更为细致地划分读者意识，将其分为三部分，即读者是谁、读者需求为何、如何对读者需求进行满足。

从接受美学层面看，文本属于多维度的开放式结构，不同的人对其做出的解释也有所差异；而在不同地点，同一个人对其做出的解释可能也有所不同。由此可知，尽管翻译过程中原文文本始终如一、未曾变化，然而其有着动态变化的接受者。读者会从自身认知出发，对译作文本的内涵进行认识，对意义空缺加以填补，同时具现化那些未被定性的内容，从而让译作的意义得以实现。

因此，对于译者而言，应当树立将读者放在首要位置的意识。译者在展开翻译活动之前，要考虑译文读者的心理需求，立足于此，对不同的翻译策略、翻译方法进行选择。可以说，读者所具有的不同的心理需求，是诞生不同译文的重要原因。

## 六、翻译常见的几对关系

### （一）直译与意译

在翻译领域，存在一个始终争论不休的问题，那就是"直译"与"意译"的问题。当然，在一些情况下，意译与直译并不存在争论。例如，"I like the song."被翻译为"我喜欢这首歌"，无论意译还是直译，翻译结果都是一样的，自然也不存在争议。然而，在更多情况下，由于汉语、英语之间存在差异，译者往往会陷入两难。假如同一个句子，既可以直译，也可以意译，那么译者应当选择哪一种翻译方式？实际上，就直译与意译而言，不同的人有着不同的理解，自然也会做出不同的选择。当前，人们普遍认为，直译就是依照原句的语言结构进行翻译；意译则是对原文语义进行灵活理解，仅仅对大致意思进行翻译。一般来说，在对翻译进行讨论时，人们会对意义与直译的相同与差异之处进行阐释。

例如，"The Negro lives on a lonely island of poverty in the midst of a vast ocean of malterial prosperity."这句话无论是意译还是直译都是可以的。如果对其进行直译，则可将其翻译为"黑人仍然生活在物质丰富的汪洋大海中贫瘠的孤岛上"。不过，尽管直译时保留了与原文相一致的比喻，如"物质丰富的汪洋大海"，然而整体来看行文较为奇怪，可读性也较差，特别是"汪洋大海"一词，常常带有负面含义，将其搭配于具有褒义色彩的"物质丰富"，就显得有些不合适。基于此，我们可以适当添加一些意译成分，就能使这一问题迎刃而解，即"黑人仍生活在贫困的孤岛上，尽管放眼四周是一片繁华景象"。从这个例子中，我们可以看到，意译的缺点在于未能对原文中的比喻进行保留，然而其优点在于能使译文更具有可读性。

又如，"But if you look back at the sweep of history, it's striking how fleeting supremacy is, particularly for individual cities."，通过直译法，我们可以将其译为"但是假如我们回顾历史，就会惊觉世间的霸权地位多么变动无常，特别是一座座的城市"。通过阅读译文，我们能够直观地感受到其缺乏可读性。而采用意译方式，我们可以将其译为"然而你若纵观历史，便会惊觉鼎盛繁华转瞬即逝，城市的兴衰更是弹指间的事"。显而易见，经过意译之后的译文更具可读性，也更能明确表达句子含义。当然，我们也要注意，意译时绝不能随意添油加醋、任意改动。例如，将这句话翻译为"回首风云变幻的人类历史，你会感到任何辉煌的事物都如昙花一般转瞬即逝，特别是城市更容易被历史湮没"。这句话的翻译就存在过度诠释的问题。如"风云变幻""昙花一般""被历史湮没"，这些词都属于添加不当。尽管它们并非偏离句子意思，不属于言外之意，然而放在语句中格外累赘、繁复，不够简洁、朗朗上口。

通过上述阐述，我们能够清楚地认识到，直译的翻译方法会使译文的可读性降低，因此，很多译者在翻译过程中都不会采用直译法，仅仅会根据实际情况，在翻译特殊文本时选择直译法。然而，也有部分译者高度评价直译法。例如，翻译理论家纽马克就对直译法非常认可。不过纽马克的观点来自其自身翻译印欧语言的实践，在英汉翻译中未必适用。

在翻译的过程中，译者大多运用意译法，不过一些情况下，意译法也会产生问题。例如，假如译者未能在原文限制范围内进行意译，那么就很可能扭曲原文，让译文中出现不应有的内容。同时，译者也要注意，不应对原文从语言形式上表现出来的意思进行意译。例如，部分文学作品采用语言形式手段对意义进行表达，在这种情况下，译者唯有采用直译法进行翻译，才能突出语言形式中包含的意义。

在英汉翻译中，因为汉语和英语有着非常大的差别，所以大多情况下汉语难以接受直译那种对原文进行照搬的方法。因此，在对文学类著作进行翻译时，部分中国学者会采用意译法。有学者指出，翻译诗歌类文学作品时，也要确保其具有可读性，因而有些情况下必须完全采用意译法方能正确地、充分地表达其意思。所以，我们也不能对文学作品的翻译一概而论，究竟选择意译还是直译，需要从文本实际出发，选择最为合适的翻译方法。

英语与汉语互译时，直译与意译经常交换使用，相互辅助。然而翻译时会有既可直译又可意译的情况出现。这时，直译与意译该如何取舍？例如，"A manmay usually be known by the books he reads as well as by the company he keeps，for thereis a companionship of books as well as of men."。有人用直译法译为"人通常可以从一个人所交往的朋友以及其阅读的书中猜测他的为人。这是因为人与人之间存在友谊，同样，人与书之间也存在书谊"。增加了意译成分之后译为"要想知道一个人的为人，不仅可以观察其身边的朋友，还可以了解其读什么样的书，因为人不仅能与人为友，还能与书为友"。很明显读者都能接受这两种翻译方法。那么，既然两种方法都行得通，那么译者应该如何抉择呢？这就要从多种角度来抉择。一个句子用直译还是用意译，要考虑到文本、读者甚至翻译目的等因素，没有一个永恒不变的定理。在经济、新闻、政论、科学等文本中，语言形式并不是关键因素，保持译入语的特色是关键所在。翻译者在中文与英文的翻译中，发挥中文的优势始终是其要努力的方向。这种理念在经济全球化时代十分重要。所以，如果直译法与汉语行文习惯不相符，导致翻译腔，译者就应当使用意译法。或者说，在大部分情形下，稍微偏重意译法依然是应当提倡的。不过，对于较正式的文本，如政治、经济、法律方面的文件等，在翻译时译者仍然会频繁使用不过度偏离原文的译法。

### （二）功能对等与形式对应

实际上，早有学者提出过功能对等与形式对应这一对概念，不过，在经过奈达的完善后，它们才在翻译理论研究中彰显出重要性。

所谓功能对等，指的是在语言功能方面（而非形式方面），译文要与原文一致。形式对应始终是机械的，虽然从表面上看，译文与原文是一样的，然而在不同的语言系统中，纵使语言形式相同，所取得的效果未必相同。例如，"He is the last person I will ask for help."，如果追求语言形式的相同，我们可以将其翻译为"他是我会要求帮助的最后一个人"，然而，这句话想要表达的真实含义是"我肯定不会去求他"。尽管后一句中文翻译不同于英文原句的语言形式，然而却与之有着相同的（对等的）语义表达。又如，在美国，中学生经常跟父母说，"Tomorrow is a minimum day，could you pick me up at noon？"，如果我们将"minimum day"翻译为"最小日"，看似对原文语言形式进行保留，具有一致性，实则未能清楚地表达意思。所以，在翻译过程中，译者要坚持语言功能方面译文与原文的对等，而不能机械地追求语言形式的对应，应当将这句话翻译为"明天只上半天课，提前放学。能在中午就来接我吗"。

部分学者认为，功能对等的基础是读者的心理反应，因此，其需要原文读者对原文进行阅读时，与译文读者对译文进行阅读时有着相似的心理反应。

### （三）原文的形式和内容

形式和内容之争是文学批评方面的焦点，在跨语言交流中表现得更为突出。大多数情形下，原文的语言形式不是译者需要翻译的，英汉两种语言在语言形式上截然不同，所以在翻译上不用反映原文的形式，只需要把原文的内容翻译出来就可以了。但是作家的艺术特色是通过语言形式来反映的，所以形式就显得十分重要。此类情况下就必须在阐述内容的同时，顾及语言的形式与风格。

但是我们一定要记住，在翻译过程中，翻译者面对的最大的阻碍一定源于原文的语言形式，过分强调形式的翻译方法常常使译文缺少可读性。所以，虽然在某些状况下需要在译文里反映出原文具有的特殊意义的形式，但在翻译过程中整体的策略应当偏重内容。

### （四）源语与译入语

上述几对概念，主要与言语行为相关，而源语与译入语这对概念则与语言体系相关。有学者提出建议，即译文需要与原文相贴近，因为语言能对文化进行反映。由于原文的语言风格能够反映原文的文化特点，所以译者应当在译文中表现原文的语言风格，从而介绍这类特点。他们还认为，如果在翻译过程中过多地考虑读者，会使得读者被"惯坏"，译者应当相信读者，相信他们有能力理解原文的语言风格，继而采用与原文相贴近的翻译方法，更好地将读者拉入源语之中，让读者通过阅读译文，能够对外国作品进行赏析，而这也正是文化交流的重要内容。

实际上，上述观点将更多的责任给予翻译。在对文化进行介绍时，除非为了实现某些特定目标（如供学术研讨所用），否则我们不能将语言风格作为介绍"器具"。大多数情况下，译者主要的翻译任务是"传达信息"。如果读者想要通过语言对外国文化进行了解，应当积极学习外语，直接对外语原文进行阅读（而非阅读译文），主动贴近译入语，最大限度地发挥译入语的优势。

### （五）原作者和读者的中心问题

假如译者在翻译过程中，将原作者作为译文中心，那么译文就可能反映原著的某些行文特点；相对应的，如果将读者作为译文中心，就可能发挥译入语的优势。从理论层面来看，译者在翻译过程中，不应将原作者作为中心，然而在翻译实践中，我们也要视原作者的重要性而定。

大量文本的作者应在文本之后"隐身"，而不应表露于文本之中。例如，一则食品广告、一项法令条文、一份电脑软件的应用说明……在这些文本中，原作者的"影子"不会也不应有所显示，因此，读者在对它们进行阅读时，也不会了解作者是谁。

不过，我们也要注意，也有一些文本具有"文如其人"的特点。读者在对作品进行阅读时，几乎能立刻感受到作者是何人，因为无论是遣词造句还是谋篇布局，都留有原著作者的印迹。所以，当人们普遍认为，某个作者创作的作品"文如其人"时，译者在对其进行翻译的时候，就既要对原文内容进行翻译，又要尽可能地保证译文做到"文如其人"。在大多数西方译者眼中，想要让译文做到"文如其人"，最好的方法就是在译文中对原文语言进行保留。不过，也有部分学者认为，采用译文与原文相对等的语言形式，其实未必能达到相同的效果，因而他们提出建议，应通过运用符合译入语的类似的语言形式，以更好地获得"文如其人"的翻译效果。假如无法获得这种翻译效果，我们只能将其归为翻译的不可翻译性。

综上所述，尽管译者不能完全不采用"以原作者为中心"的翻译方法，然而也要看到，在翻译实践中，"以原作者为中心"的翻译方法占有较少比例。对于翻译活动来说，"以读者为中心"是其总体准则，特别在英汉翻译中，这一点非常关键。

### （六）原作者写作和译者翻译的联系

人们动笔写作普遍都有目的，不管是原作者还是译者都是为了某种目的而动笔的。在大部分情况下，原作者与译者的目的大致是相同的。用英文写电脑操作过程的人是想让顾客知道怎样操作电脑，翻译此操作过程的人也是为了让不明白原文的顾客知道怎样操作电脑，所以说原作者与译者的目的是一样的，都是要把信息精准地传给读者。一则服装广告的目的是要用广告去影响顾客的想法，希望看完广告以后的顾客会购买产品。一名译者翻译这则广告的目的也是想要对顾客产生影响，从而促进消费。一份经济合同的作者想让合同成为某项经济活动的基础，翻译此合同的译者也想让不明白原文的人可以看明白合同的内容，进而可以展开合同中的经济活动。所以，大多数翻译工作与原文写作的目的是一样的，这些文本都有一个相同的特性，就是为了一个十分实用的目标而写的，翻译的目标也是十分实用的。然而，并不是全部翻译的目标都与原文的目标相同。比如，法国政治家戴高乐在第二次世界大战中的一些演讲是有鼓动士气的目的的，20世纪50年代以后，戴高乐的演讲已经成为历史文件，翻译这种演讲就不是为了戴高乐原本的目的。

这就引出不同的目的、读者与译文的问题。因为译者的目的和服务对象与原文的目的和服务对象不一样，因此同一个原文有几个不一样的译文是非常正常的。例如，《圣经》的写作目的是要把上帝的话传达给世人，但是写作的时候使用的语言不是以儿童为传播对象的。有人把《圣经》翻译成儿童语言，虽然读者身份不同，但目的仍然是相同的。

在对同一原文进行翻译时，我们可以根据需要灵活处理，从而更好地与不同的读者群体相适应。例如，面对同一首英文诗歌，我们既可以将其翻译成现代诗，让那些喜欢白话诗的人阅读、欣赏；也可以将其翻译为词曲，方便热爱词曲的人阅读、欣赏；还可以将其翻译为五言律诗，这样爱好唐诗的人就能更好地对其进行赏析。由于译者有着不同的翻译目的、服务对象，自然也会翻译出不同的译文。然而，也有人持不同的观点，他们认为，既然只有一个原文，那么自然也只有一个译文，译文版本不宜过多，否则容易导致难以在译文中看到原文的身影。其实，翻译有其局限性，许多有着丰富文化内涵的著作在完成之后，其原本面貌就很难恢复，这是由于时代总是处于变迁之中，虽然作品未曾改变，然而其存在的环境已然发生变化。有着相同语言文化的作品是这样，经过翻译的不同语言文化的作品就更是如此。因此，译者在对有着丰富文化内涵的作品进行翻译时，通常会对某一方面进行侧重，译者有着不同的服务对象，自然也会有着不同的翻译目的。

# 第二节　翻译的发展历程

## 一、中国翻译的发展

### （一）我国翻译的起源

1."信、达、雅"的雏形

我国翻译事业历史悠久，迄今为止已有两千余年。追根溯源可知，我国翻译事业的开启受到佛经翻译的影响，而早在东汉桓帝建和二年，便已有了佛经翻译。支谦是佛经翻译的代表人物，其对"信"进行强调，也就是强调对原著真实性内容的传递，受此影响，直到唐朝时期，翻译家（如玄奘）仍旧在翻译实践、翻译理论中对"信"进行讲究。此外，"雅"也是支谦的一大翻译标准。其他和支谦同时代的翻译家，对"今传胡义，实宜径达"十分讲究，所以在当时，"达"同样是一项翻译标准。总的来说，这一时期是"信、达、雅"翻译标准的雏形阶段。

2."直译"与"意译"

因为译者可能对梵文不甚精通，为防止出现翻译错误，他们会在翻译中采用严格的直译方法。例如，《毗婆沙》就是译者采用直译翻译法，一字一句进行翻译的。但是在西域，龟兹人鸠摩罗什对之前的佛经译文进行研究，察觉其中的缺陷与不足，因而其并不认可直译方式，而是在翻译过程中采用意译方式，一方面弥补音译的缺点，另一方面生动地展现原著的风貌，为我国文学翻译打下坚实的基础。

3."忠实"与"通顺"

唐太宗二年，玄奘远赴印度，进行了长达 17 年的学习。重返故土之后，通过梵文、汉文之间的翻译，玄奘成功地向各国推广了汉文著作。玄奘遵循"忠实、通顺"的标准，时至今日，在翻译界中这一标准依旧有着不小的影响力。

### （二）我国翻译的发展

1."信、达、雅"的发展

若论翻译标准，首先要说的便是"信、达、雅"翻译标准，提出这一标准的人为严复，他是我国清末新兴资产阶级的启蒙思想家。严复立足古代佛经翻译积累的经验，从自身翻译实践出发，总结出著名的翻译标准——"信、达、雅"。许多翻译家对"信、达、雅"的翻译标准予以认可，该标准对翻译活动的开展起着积极的引导作用。不过，我们也要看到，严复所提出的"雅"，过度强调译文自身的典雅。例如，严复强调对文言文句法的运用，如此能使译文形式显得更加高雅。因此，从最开始，"雅"便颇受争议，而受到普遍认可的则是"信、达"这两个标准。

2."神韵"的发展

"神韵"一词在 20 世纪 20 年代开始萌芽，茅盾针对这一词发表了自己的看法："在文学翻译中，宁失'形貌'而不失'神韵'，因为一篇译文的'神韵'代表着原著的灵魂，形象地传递原著的感人之处是文学翻译所追求的目标。"因此可以看出"神韵"的重要性，20 世纪 50 年代傅雷在"神韵"的基础上提出了"神似"的概念。

3."三美论"的发展

20 世纪 70 年代末我国翻译事业出现了一次高潮。受西方翻译理论的熏陶，有些学者试图延续严复的翻译理论并做出改善。有人干脆说："还是'信、达、雅'好。"时代不同了，人们站在不同的角度，以不同的思维方式对严复的"信、达、雅"赋予了新的内容和解释。他们认为"雅"已不再是严复所指的"尔雅"和"用汉以前的字法、句法"，而是指"保存原作的风格"。熟知英法两种语言的许渊冲先生在"雅"字标准的基础上提出了"三美论"，强调在音、意、形三方面注重文学翻译。

## （三）我国翻译的发展趋势

与文学翻译注重传达原著的艺术审美和文学欣赏不同，非文学翻译强调的是有效地传递信息的实用性翻译，并且涵盖政治、经济等多个社会领域，由此可见，非文学翻译不仅具有较强的实用性，而且应用面也极其广泛。

随着国际商贸合作和对外交流活动的日益增多，非文学翻译是我们在日常工作中遇到的最多的翻译情况，特别是各类实用文体的翻译，更是广泛地运用在各个行业中，如科技、外交、法律、经济、贸易、金融、旅游、传媒等。在世界经济全球化之前，"以文学翻译为中心"也许无可厚非。然而，随着世界经济的快速发展，人们对非文学翻译的需求越来越大。

对于现在的翻译事业来说，对非文学翻译的需求量远远超出了文学翻译。所以大多数的用人单位看重的是毕业生是否能准确地翻译经济、科技等非文学翻译资料，对文学资料的翻译并没有过多要求。文学翻译讲究的是保留文学的艺术美感和文学价值，而非文学翻译注重的是译文的实用性和应用性，比较考验译者的学科基础理论知识、独特的语言结构和专业词汇等。

在《非文学翻译理论与实践》中，著名翻译学者李长栓指出，"方法得当、意思准确、语言朴实"是非文学翻译的标准。而对于非文学翻译来说，这一标准同时也是准绳与基本原则。所谓"方法得当"，即指选择、使用翻译工具。翻译工具在现代信息化社会经历了一场彻底的革命，从最开始单一的汉英词典、英汉词典，发展到如今的汉英、英汉双解词典；从最初既费力又费时的纸质词典，发展到如今便捷的电子词典。除此之外，还有各种拥有翻译功能的软件。译者适应现代化的翻译手段，并对其进行选择，能提升自身的翻译准确性和速度，翻译效果自然也更好。

而从理论的角度来看，所谓"方法得当"指的是选择、使用翻译技巧。在非文学翻译中，译者可以通过对删减内容进行增补、对原文形式予以改换、对原文信息加以概括等方式，对译文进行适当调整，从而满足读者的阅读需求。尽管这些翻译技巧、方法与我国传统的文学翻译标准并不相符，然而在非文学翻译中，却是惯用方法，且十分有效。

非文学翻译以"准确"为核心标准，"准确"也具有现实意义。例如，在翻译关系人的生命安全的文本（如医药、法律文本）时，或在翻译影响谈判合作的文本（如协议、条约）时，不应存在任何差错，必须保证准确性，不然很可能导致严重后果。

## 二、西方翻译的发展

《创世记》中说，上帝创造了人，又因人类作恶多端，故发大洪水将其淹灭。大洪水过后，人们由西向东迁徙，来到一处平原，于是停下来修建一座城和一座塔，塔顶要通天。上帝大惊，不悦，遂使人的口音变乱，彼此不通言语，无法进行交流。于是人们停止修塔，散居各地。这或许可以看作产生翻译的原始根源。一般认为，西方翻译理论可分为五个时期，即古代时期、中世纪时期、文艺复兴时期、近代时期和现（当）代时期。西方翻译理论较之于中国翻译理论更加系统、全面，有较完整的体系和清晰的发展脉络。

## （一）古代时期的翻译

《圣经·旧约》的希腊语版本，是西方古代第一部重要的译作。公元前285年，在埃及国王托勒密二世菲拉德尔弗斯的旨意下，72名有着渊博知识的希腊学者在亚历山大图书馆聚集，用希腊语翻译采用希伯来语著作的《圣经·旧约》，并将译作提供给散居各地的犹太人。这项翻译工作足足花费36年，人们将译作称为"七十子希腊文本"。

公元4世纪末5世纪初，在罗马教皇的命令下，著名神学家哲罗姆组织《圣经》的拉丁文翻译活动，并用《通俗拉丁文本圣经》命名译文。后来，《通俗拉丁文本圣经》成为唯一被罗马天主教承认的圣经文本。

公元前1世纪是西方翻译理论的发源时期。古罗马帝国政治家、演说家西塞罗发表了著名的《论演说家》。在《论演说家》中，西塞罗这样说道："我认为，在翻译时，逐字翻译是不必要的，我所做的是保留原文的整体风格及其语言的力量。因为我相信，像数硬币一样地向读者一个个地数词，不是我的责任，我的责任是按照他们的实际重量支付给读者。"这段话中的"按照它们的实际重量支付"，所表达的含义就是"保留原文的全部意义"。可以说，西塞罗首次谈论意译与直译，同时也对逐字翻译提出鲜明的反对意见。

这个时期，译者大都根据自己的翻译实践对翻译进行分析和论述，主要集中在直译还是意译问题上。奥古斯丁是与哲罗姆同时代的神学家、哲学家，对翻译理论有许多深刻的见解。他认为，翻译的基本单位是词；翻译有三种风格，即朴素、典雅、庄严，其选用取决于读者的需求。他从亚里士多德的符号理论出发，认为忠实的翻译就是能用译入语的单词符号表达源语的单词符号指示的含义，即译入语词汇和源语词汇具有相同的所指。这套理论对后世有深远的影响。

## （二）中世纪时期的翻译

中世纪时期即西罗马帝国灭亡至文艺复兴时期。英国阿尔弗雷德国王（849—899年）是一位学者型的君主，他用古英语翻译了大量的拉丁语作品，常常采用意译法。11—12世纪，西班牙中部地区的托莱多形成了巨大的"翻译院"，主要内容是将阿拉伯语的希腊作品译成拉丁语，发扬欧洲断裂的文化传统。

中世纪末期出现了大规模的民族语翻译，促成了民族语的成熟。英国小说家乔叟翻译了波伊提乌的全部作品和薄伽丘的《菲洛斯特拉托》等，德国的翻译家维尔翻译了许多古罗马作品，俄国自基辅时期起翻译了不少希腊语和拉丁语作品，其著名的翻译家有莫诺马赫、雅罗斯拉夫等。翻译理论的代表人物有罗马神学家、政治家、哲学家和翻译家波伊提乌。他提出翻译要力求内容准确，而不要追求风格优雅的直译，认为译者应当放弃主观判断权的客观主义观点，这在当时产生了较大的影响。

### （三）文艺复兴时期的翻译

西方翻译在 14—17 世纪初步入繁荣时期，很多有影响的翻译理论以及具有代表性的翻译家也于此时产生。英国有着广泛的翻译题材，涉及宗教著作、文学、伦理学、哲学、历史等诸多方面。学者查普曼对《奥德赛》《伊利亚特》进行翻译，取得了卓越的成就。查普曼认为，在翻译过程中，译者既不能过于自由，也不应过于严格。人文主义者廷代尔，从新教立场出发，面向大众对《圣经》进行翻译，其翻译后的文本通俗易懂，既具有文学性，又具有学术性，可谓十分成功。在 16 世纪，荷兰德是英国著名的翻译家，其翻译的作品有着多种多样的题材，而他尤其擅长翻译历史类题材，如绥通纽斯的《十二恺撒传》、里维的《罗马史》等都是其经典译作。

1559 年，法国的阿米欧对《希腊、罗马名人比较列传》进行翻译，译作具有文笔自然清新、内容忠实的特点。阿米欧认为，译者必须对原文进行充分理解，保证译文的自然淳朴。

在《论如何出色地翻译》中，人文主义者、语言学家多雷提出翻译的基本原则：译者要完全理解翻译作品的内容；要通晓所译语言；语言形式要通俗；要避免逐字对译；要注重译文的语言效果。

德国主要有路德的《圣经》翻译，遵循通俗、明了、大众化的原则，在官府公文的基础上吸收了方言精华，创造了本民族普遍接受的文学语言形式，为德国文化的发展做出了杰出贡献。路德认为，翻译必须采用平民化的语言；必须注重语法和意思的联系；必须遵循一些基本的原则。路德能在翻译实践上取得成功，是和他的理念分不开的。德国另一位代表人物伊拉斯谟认为，翻译必须尊重原作；译者必须要有丰富的语文知识，必须保持原文的风格。

总体而言，这一时期对翻译的讨论十分激烈，由此奠定了西方译学的理论基础。

### （四）近代时期的翻译

西方翻译的黄金时期为 17 世纪至第二次世界大战结束的近代时期。1611 年，《钦定本圣经》于英国出版，其有着音律和谐、典雅质朴的译文，堪称罕见的翻译杰作。之后，谢尔登对塞万提斯的《堂·吉诃德》进行翻译。1715—1720 年，在查普曼的翻译基础之上，蒲柏重新翻译《奥德赛》《伊利亚特》。1859 年，《鲁拜集》（莪默·伽亚谟的波斯语作品）拥有了第一个英语译本，随后又经历了数次修订，最终进入英国翻译史上最优秀的译作行列。

17 世纪，古典主义盛行于法国文坛，所以这一时期，法国主要翻译古希腊、古罗马文学作品。18 世纪，法国对古老而神秘的中国十分向往，翻译了很多中国作品，如《赵氏孤儿》（元曲），就是在这一时期被翻译、传播到法国的。19 世纪，雪莱、拜伦、但丁、歌德、莎士比亚的诸多作品都拥有了法语译本。

这一时期有着较为系统、全面的翻译理论，且具有普遍性。其代表人物包括法国的夏尔·巴托，英国的亚历山大·弗雷泽·泰特勒、约翰·德莱顿。德莱顿较为全面、系统地对翻译加以研究，其认为翻译属于一门艺术，译者必须服从原作的意思，把握原作的特征，同时考虑读者因素。此外，德莱顿还对翻译进行划分，将其分为拟作、意译、逐字译三类。1790 年，在《论翻译的原则》中，泰特勒提出著名的"翻译三原则"：①译作应完全复制出原作的思想；②译作的风格和手法应与原作保持一致；③译作的语言应具备原作的通顺。

进入 19 世纪，德国逐渐成为翻译理论研究的中心，代表人物有神学家、哲学家施莱尔马赫，文艺理论家和翻译家施莱格尔，语言学家洪堡特。翻译研究的重点集中在语言和思想方面，逐步形成了一定的研究方法和翻译术语，从而把翻译研究从某一具体篇章中抽象分离出来，上升为"阐释法"。这种方法由施莱尔马赫提出，施雷格尔和洪堡特加以发挥。施莱尔马赫在《论翻译的方法》一文中较为全面地论述了翻译的类型、方法、技巧，形成了比较系统的翻译理论，在 19 世纪产生了重大影响，至今仍具有一定的现实意义和作用。其主要内容包括以下几点：①翻译分为笔译和口译；②翻译分真正的翻译和机械的翻译；③必须正确理解语言思维的辩证关系；④翻译有两条途径，一条是尽可能忠实于作者，另一条是尽可能忠实于读者。

洪堡特进一步认为：语言决定思想和文化，语言差距太大则相互之间不可翻译，可译性与不可译性是一种辩证关系。洪堡特关于"可译性"与"不可译性"的论述在今天同样具有重要的借鉴意义。

### （五）现（当）代时期的翻译

我们都知道，20 世纪上半叶，两次世界大战先后爆发，翻译与翻译理论研究极大地遭受战争破坏，难以发展、止步不前。不过，第二次世界大战之后，西方翻译与翻译理论研究恢复很快，迅速步入繁荣期。自第二次世界大战结束至今，属于西方现（当）代翻译理论时期，无论从翻译成果、规模、形式还是范围来看，都远远超过历史上的任何时期。在广度、深度方面，翻译理论研究的进展也是突破性的。

现（当）代时期，在信息理论以及现代语言学的影响下，人们将翻译理论研究纳入语言学范畴，因而翻译理论研究有着显而易见的语言学色彩。此外，因为文艺派在翻译理论研究中十分活跃，所以翻译理论研究也体现出鲜明的人文特征。因此，通常来说，翻译理论研究走的是人文结合于科学的道路。同时，翻译理论研究格外重视对"翻译过程中所有重要因素的研究"，同时也十分注重这些重要因素之间存在的关系、彼此的影响，借此解决翻译中的各种问题，从而使翻译学科有着较为成熟的学科特征。

现（当）代翻译理论时期涌现出一大批在翻译理论与实践方面成绩卓著的人物，并逐渐形成了流派，主要包括布拉格学派、伦敦派、美国结构派、交际理论派等。这些学派的研究使西方翻译理论逐渐形成体系，趋于成熟。

# 第三节　中西方的翻译理论

## 一、中国翻译理论

国内从 20 世纪下半叶开始引进西方翻译理论，其接受和消化西方翻译理论的过程值得反思。西方翻译理论大大开阔了国内翻译研究者的视野，为国内的翻译理论研究奠定了坚实的基础。

### （一）中国古代翻译理论

我国的翻译活动可追溯到春秋战国时期，而佛经翻译则是真正意义上的语际翻译活动。同时，对于翻译活动来说，佛经翻译也是第一个高潮。伴随越来越多的经书被翻译而出，出现了很多翻译方法、翻译理论。所以，中国翻译理论形成的开端是佛经翻译时期。

佛经汉译的开创者为支谦，他有着丰富的翻译经验。支谦高度重视对翻译技巧的运用，并在《法句经序》中指出翻译的不易，继而分析了当时"质"与"文"的翻译观点。严复对"信、达、雅"的思考，就是受其启发。

释道安对翻译方法也有着自己的见解，他提出，在对经文进行翻译时，要采用不同的翻译方法，如戒律翻译需要以"质"为主，而大乘经翻译则要以"文"

为主。同时，释道安还提出"五失本、三不易"理论。所谓"五失本、三不易"，就是译文在五种情况下容易失去原意，在翻译过程中存在难以处理的三种情况。

玄奘对翻译方法提出了新的主张，认为应当将意译与直译相结合。著名的"五不翻"思想就是玄奘提出的，即"秘密故、含多义故、此无故、顺古故、生善故"。玄奘还提出了代词还原法、译名假借法、分合法、变位法、省略法、补充法这六种翻译技巧。

明朝初年，人们较为蔑视自然科学。而徐光启则主动地介绍西洋自然科学，努力地著述，并译有《农政全书》《泰西水法》《几何原本》等作品，对17世纪中国与西方的文化交流可谓贡献颇丰。徐光启在几何方面有着高质量译作，他和利玛窦合编《同文算指》，并于1613年完成翻译，将西洋笔算传入中国。《同文指算》是中国对西方数学进行编译的最早著作。

### （二）中国近代翻译理论

第一次鸦片战争至甲午战争前，林则徐一心致力于翻译西方书籍。林则徐虽然没有提出翻译理论，但是对中国的翻译事业做出了巨大的贡献。

第二次鸦片战争后，马建忠开始研习西学。他在《拟设翻译书院议》中指出亟需翻译的三类书籍，强调要挑选优秀著作来翻译，并提出翻译的标准在于译文与原文的一致。马建忠进一步指出，要实现译文与原文的一致，译者必须精通译入语和源语。他的这一理论奠定了中国近代重要译学理论的发展基础。

被称为"维新志士"的梁启超，在翻译西学方面也表现得非常活跃。他提出了翻译强国的观点，并创造了翻译文学理论，其思想对当今的翻译实践仍具有借鉴意义。

中国近代启蒙思想家、翻译家严复，翻译了《天演论》《原富》《群学肄言》《群己权界论》等著作，将西方的社会学、政治经济学、哲学和自然科学引入中国。他提出了"信、达、雅"三条翻译标准，对后世的翻译实践具有重要的指导作用。

### （三）中国现代翻译理论

西方资本主义文化思想在19世纪末20世纪初涉及两大派别，一为被压迫民族的民主主义与人道主义，二为发达资本主义国家的自由主义和个性主义。基于上述时代背景，鲁迅着眼于"被压迫民族的民主主义与人道主义"，翻译那些被压迫民族的作品，想要以此唤醒沉睡的中国人。尽管当时的翻译较为混乱，但鲁迅仍旧在翻译过程中坚持忠实原则，并将其作为首要原则，大力提倡白话文直译法这一忠实于原著的翻译方法，从而将西方近代资本主义思想传入中国。针对翻译原则、翻译理论，鲁迅进行了很多论述与研究，提出了"翻译应与创作并重"的翻译思想。同时，他也提出了"以直译为主，以意译为辅"的翻译原则和以"移情、益智""易解、风姿"为核心的翻译理论，其"复译"与"重译"的观点，及时纠正了当时的不良译风。

中国白话新诗翻译的领军人物胡适提出，在翻译诗歌时使用文言文字，仅仅能让少数人欣赏译文，无法使译文得到普及。诗歌应当能够被平民大众理解，所以在对诗歌进行翻译时，必须保证译文的流畅、明白。胡适还提出了翻译"三负责"的说法，指出译者应当分别对自己、读者、原作者负责。

林语堂对于翻译的独到认识是对中国传统翻译思想的丰富和发展。林语堂在长篇论文《论翻译》中较为系统地论述了自己的翻译理论。他的翻译理论可以概括为以下几点。第一，翻译是一种艺术，翻译艺术应该遵循以下几个原则：译者对原文的全面了解；译者的译语表达能力突出；译者对翻译标准有正确的认识。第二，翻译有三条标准，即忠实标准、通顺标准和美的标准。其中，忠实标准分"直译""死译""意译"和"胡译"四个等级。第三，翻译应该是"句译"而不是"字译"，因为字义会随上下文的变化而发生变化，这是我国较早明确提出的"上下文"翻译思想。

作为翻译家，朱光潜从哲学思辨的角度思考和论述翻译问题。他运用"一元论，两分法"的思想，对严复"译事三难：信、达、雅"的思想进行了哲学探讨，提出"信"应居首位，它是指对原文整体的"信"。他反对截然区分直译和意译，认为"理想的翻译是文从字顺的直译"。他强调，翻译是一项"再创造"活动，"研究什么，翻译什么"，因此文学作品之译者本人应是文学家。他对《美学》的翻译为他赢得了极大的荣誉，其他的译著有《拉奥孔》《歌德谈话录艺术的社会根源》《美学原理》《柏拉图文艺对话集》等。

## （四）中国当代翻译理论

作为我国著名文艺评论家、文学翻译家，傅雷积极地将自己的翻译与国家命运相连，想要通过自己的译作鼓舞人们，让人们能够投身于振兴民族的奋斗之中。"传神说"是傅雷翻译思想中最具代表性的，也就是"重神似不重形似；译文必须为纯粹之中文"。想要让译文能够真正"传神"，译者必须做到以下三点：其一，真正吃透原作的内在精神、外在形式；其二，生动而忠实地表达自己的理解；其三，要有贯通、流畅的文脉与气息。"传神说"正视文化差异的客观存在，同时强调译者应当从本质层面出发，传递原文的神韵、意境、风格等。

谈起当代翻译理论，不得不提的一个人就是钱钟书。钱钟书在《林纾的翻译》一文中提出了"化境说"。"化"是文学翻译的最高理想，即将作品从一种文字转换成另一种文字而不表现出生硬牵强的痕迹。

著名翻译家叶君健精通多种语言，一生翻译了大量的外国文学著作，尤以翻译安徒生的童话而闻名于世。叶君健反对传统翻译观将译者视为"隐形人"的观点，比较注重译者在翻译中的主体性和创造性。叶君健认为，文学翻译不是简单的符码转化，翻译有再创造的一面。他系统地论述了"精品"理论，即翻译可以使一部外国作品转化为本国作品，并强调了"译者的个性"和"个性的译作"。

许渊冲同样是我国著名的翻译家，同时，他也是唯一在 20 世纪用法语与英语对中国诗词进行翻译的翻译家。许渊冲对翻译理论进行总结，得出"美化之艺术"的结论，同时进一步提炼出"三之"（知之、好之、乐之），"三化"（等化、浅化、深化），"三美"（意美、音美、形美）的观点。许渊冲认为，将最好的原文翻译为对等的译文，该译文未必是最好的。所以，许渊冲提出了著名的"优势竞赛论"，他认为，应当用最好的译语表达方式体现原作的内容。

## 二、西方翻译理论

通过总结翻译现象和翻译活动，抽象概括出某种翻译理论，是所有翻译理论研究者的共同追求。众多学者不断研究翻译理论，形成了不同的翻译理论流派，这些流派从不同的角度和切入点来研究翻译，对翻译有着不尽相同的认识和理解。西方翻译有着几千年的历史，翻译理论成果丰硕。在此，笔者阐述西方主要的翻译理论流派。

### （一）语言学派翻译理论

语言学派翻译在研究翻译问题时，主要从语言学角度出发。奥古斯丁是语言学派的创始人，同时，他也是西方翻译理论的语言学传统鼻祖。一提及语言，人们最先想到的概念就是"符号"。奥古斯丁参照了对亚里士多德的符号理论，并对其予以继承，在此基础上，他提出语言符号主要包括两部分内容，分别为"所指"与"能指"。同时奥古斯丁还解释了译者"判断"与"所指""能指"之间的关系。

从语言学角度出发研究翻译时，必然会受到语言学观点的影响。毋庸置疑的是，弗迪南·德·索绪尔的普通语言学理论对西方翻译理论的影响是十分深刻的。弗迪南·德·索绪尔在 20 世纪初便对"何为语言""何为言语"进行了非常详细的说明，同时也详细地解释了如何辨别语言的共时与历时。自此，众多西方翻译学者开始意识到，语言理论能够从理论上支持建构翻译模式，这也使得翻译语言学派更为关注翻译中的语言事实，研究者会从一些语言单元（如篇章、句子、词汇、语音等）着手进行研究，继而探索翻译活动的普遍规律。除此之外，他们赞同"等值"理论，认为必须先解决语言之间的转换问题，方能开展翻译活动。

随着研究翻译理论的人日渐增多，翻译语言学派宛如一棵大树，愈发枝繁叶茂，而语言学派翻译理论也得到了长足发展，变得愈发完善、系统。在翻译语言学派中，尤金·奈达、罗曼·雅各布森、彼得·纽马克是最具代表性的学者。

### 1. 尤金·奈达

从1945年开始，尤金·奈达就将主要精力放在了对翻译的研究上，其对西方翻译理论史的贡献无人能及。他于1947年发表了《论〈圣经〉翻译的原则和程序》，这为西方语言学派科学地研究翻译掀开了新的篇章。他首次倡导要进行科学的翻译，于是提出"翻译的科学"这种打破历史的观点，翻译语言学派也因此被称为"翻译科学派"。他又将信息论引入了翻译研究，创立了翻译研究的交际学派。尤金·奈达最著名的观点是翻译原则的对等观，包括动态对等和功能对等。

### 2. 罗曼·雅各布森

罗曼·雅各布森是美国著名的语言学家，其于1959年发表《论翻译的语言学问题》一文，从符号学、语言学等角度对翻译进行审视，同时提出了三种翻译类型——符际翻译、语际翻译以及语内翻译。罗曼·雅各布森提出，在翻译的过程中，译者必须考虑语言的比较以及语言的功能。他始终坚持语言功能理论，从而使翻译研究不再囿于语篇、句子、词汇等限制性框架结构内，开拓一种语境模式，重点关注翻译中不可译性与可译性、等值、语言的意义等根本问题。

### 3. 彼得·纽马克

彼得·纽马克是一名英国学者，其从现代语言学与跨文化交际理论视角出发，提出两个重要的翻译策略，即语义翻译、交际翻译。所谓语义翻译，就是在符合目的语结构特点的基础上，尽最大努力准确再现原文的语境与意义；所谓交际翻译，则是尽可能地与原文文本相接近。除此之外，彼得·纽马克还修改了罗曼·雅各布逊的功能模式，将文本功能划分为如下六种：审美功能、信息功能、元语言功能、表情功能、呼唤功能、寒暄功能，并以此为基础对目的语与源语进行系统的比较与描述，从而达成建立文本类型的样板的目的。

## （二）功能学派翻译理论

语言学派翻译理论有一个较为突出的特点，那就是其翻译研究十分依赖于语言学。如果这一特点被过度放大，就很可能导致翻译理论脱离实践。为解决这一问题，20世纪七八十年代，诞生了翻译的功能学派。

功能学派翻译理论从分析翻译的角度出发，并延伸至美学、语篇语言学、信息论、行为理论、交际理论等领域，推翻原文的权威地位，站在文本立场对翻译进行研究。功能学派以凯瑟琳娜·莱斯、汉斯·弗米尔、克里斯蒂安·诺德、贾斯格·霍兹·曼塔里等为代表人物。

### 1. 凯瑟琳娜·莱斯

1971年，凯瑟琳娜·莱斯出版了《翻译批评的可能性与限制》，在这本书中，她引入功能范畴，从而使翻译策略、语篇类型、语言功能形成有机整体，为以原文与译文的功能关系为基础的翻译批评模式带来新突破。功能学派的理论思想也自此开始萌芽。

凯瑟琳娜·莱斯提出，由于文本类型不是单一的，而是多种多样的，因此不同的文本类型所对应的翻译方法也应有所不同。凯瑟琳娜·莱斯对语篇进行划分，包括感染文本、表情文本以及信息文本。当然，只有在原文与译文有着对等功能的时候，上述划分才具有意义。所有翻译类型都于特殊环境中出现，并且有其特定的翻译目的，而译文是否能传达原文的主导功能，正是衡量译文质量好坏的标准。功能主要取决于接受者，目标文本的形态首先要与这种功能目的相符合。如上所述，由于凯瑟琳娜·莱斯的文本类型划分仅仅在特定条件具有意义，所以人们仅仅将其提出的功能对等论视为特殊标准，而非常规标准。

### 2. 汉斯·弗米尔

在批判凯瑟琳娜·莱斯的理论的基础上，汉斯·弗米尔创立了目的论，以至于有人将功能学派称为"目的学派"。

汉斯·弗米尔沿用了符号的概念，并将翻译、符号与非语言行为进行联系，认为符号的使用也是受翻译目的驱动的，其受到跨文化交际的制约。在他看来，翻译相当于语言符号的转换和非言语行为。

汉斯·弗米尔著名的目的论包括一系列的原则，最主要的是连贯原则、忠实原则和目的原则，其中目的原则统摄连贯原则、忠实原则。换言之，目的原则的要求是排在第一位的。

连贯原则主要针对的是语篇内的连贯，也就是指译文的前文和后文要有一定的逻辑关联，语言表达应该地道、真实、自然，并能够为目的语文化和交际提供某些价值。

忠实原则主要针对的是语篇间的连贯，也就是指译文和原文在内容和形式上应该有逻辑关联，但并不是机械地要求译文和原文一模一样。面对同一篇原文，每一个译者可能有着不同的理解，那么译文存在的目的和译者的理解就决定了忠实的程度和形式。

目的原则认为，翻译行为都具有一定的目的，译者在这个目的的指引下采取相适应的翻译方法。

在上述三个原则中，语篇间连贯从属于语篇内连贯，而二者同时受目的原则的统领。也就是说，当目的原则要求语篇间或者语篇内不连贯时，二者都将失去作用。

### 3. 克里斯蒂安·诺德

克里斯蒂安·诺德对功能学派翻译理论做出了很大贡献，为其研究掀开了崭新篇章。首先，她围绕语篇分析进行研究，其后探索具体的翻译类型，同时从哲学视角出发，对功能主义目的论进行探讨。

克里斯蒂安·诺德格外关注翻译中人的因素，如译者的培训、译者的双语能力以及译文接受者等。此外，她尤其重视"忠实原则"，同时也采取折中思路，提出"功能＋忠诚"模式。这里的"功能"，指的是译文应当为译语文化接受者提供一些帮助或者使其得到一定启迪。而这里的"忠诚"则是道德层面的概念，涉及翻译活动参与者之间的关系，强调译者需要考虑参与者的期望。

### 4. 贾斯塔·霍兹·曼塔里

贾斯塔·霍兹·曼塔里以里宾的功能语用学和冯·莱特的行为理论为基础，提出翻译行为论，进一步完善、拓展了功能学派翻译理论。贾斯塔·霍兹·曼塔里非常重视行为参与者（如译文使用者、译者、信息接收者、信息发出者），同时强调地点、时间等环境条件。此外，贾斯塔·霍兹·曼塔里还提出，在翻译行为中，译者始终属于关键人物。贾斯塔·霍兹·曼塔里精通跨语际转换，其强调，目的语文本实则具有相关功能，然而必须从跨文化交际视角看，从语用角度出发，才能实现这些功能。这也与"译者主体性"相联系，即想要实现译者主体性，除了要满足"语境"这一大前提外，还要实现"功能改变"。

### （三）结构主义学派翻译理论

结构主义是和功能主义对应的一种学派。在结构主义的基础上，后结构主义得以出现。后结构主义是结构主义的升华。无论是结构主义，还是后结构主义，本质上都强调结构。

#### 1.结构主义

结构主义作为一种认识事物的思维方式，引领了一股以结构分析法为特点的研究热潮。结构主义将所有事物都纳入结构中，并试图通过分析结构探索事物的本质。结构包含以下三种特性。第一，自我调节性。自我调节性是结构的本质特性，涉及结构的内在动力，具有一定的守恒性以及某种封闭性。不断变化的结构系统所产生的要素总是属于这个结构，并能遵循该结构的规律。第二，动态性。一切结构都是一个变化着的转换系统。第三，整体性。结构中的各要素相互依存并且有机结合，最后产生的效果大于各个要素的简单叠加。

#### 2.后结构主义

后结构主义侧重对结构的建构、解构。结构不具有终极意义，所以解释的目的是强调事物本身及该阐释过程。任何知识都能通过描写来获得，可以通过一定的中介被理解。知识结构伴随情境变化而变化，它始终处于变化之中，也需要被重构，其并非现实世界的准确表现。所以，学习并非从外至内地、简单地对知识进行转移与储存，更多的是学习者主动对知识进行构建的过程。

### （四）解构主义学派翻译理论

尽管部分学者接受了结构主义，然而客观来看，结构主义仍然存在局限性。所以，20世纪60年代后期，人们反对结构主义，同时以此为基础，提出解构主义学派的翻译理论。毫无疑问，解构主义学派翻译理论对传统的翻译理论的冲击是十分强烈的。解构主义对译者的突出、对结构的拆除以及对本质的否定，都将新鲜血液注入翻译研究之中。解构主义学派翻译理论提出，一部翻译作品质量的优劣，需要时间进行检验，一部高质量的翻译作品能长期被读者所喜爱，还能让原文经久流传。此外，解构主义学派翻译理论认为，译文和原文之间存在客观差异，译者应当在读者面前展现这种差异，而译文的价值也取决于读者对这种差异的反应程度。同时，解构主义学派翻译理论还认为，译文与原文是平等的，译文无须向原文靠近，或者复制原文，这意味着所有文本都具有"互文性"，而不具有创造性、权威性。

解构主义学派以瓦尔特·本雅明、雅克·德里达、劳伦斯·韦努蒂为主要代表人物。

### 1. 瓦尔特·本雅明

追根溯源，1923 年瓦尔特·本雅明发表的《译者的任务》，使解构主义翻译思想开始萌芽。瓦尔特·本雅明深入研究可译性问题，提出可译性取决于原文是否具有翻译需求，当然，也要看能否找寻到合适的译者。瓦尔特·本雅明的部分观点令人们意识到，不能盲目追求"忠实的翻译"，译作所处的位置也并非次要的。这些都深深启发了后来的解构学派翻译思想家。

### 2. 雅克·德里达

"解构主义之父"便是雅克·德里拉。1980 年，雅克·德里拉发表了《巴别塔之旅》，其立足哲学视角，深度解构"翻译"。雅克·德里拉反对传统哲学中唯一本源的思想，同时认为，要通过延异、播撒、踪迹、替补对"在场"进行瓦解。在上述四种解构主义策略中，"延异"是雅克·德里拉自创的，被用于表现意义与存在之间的某种原始差异，从而对结构主义意义确定性的关键术语进行瓦解。

### 3. 劳伦斯·韦努蒂

传统翻译将目的语作为中心，而劳伦斯·韦努蒂则反对这种做法，其认为译文无须通顺，因此提出"抵抗式翻译"的异化翻译策略。解构主义倡导原文与译文的平等，倡导原文作者和译者之间的平等，因此否认原文的终极意义。

## （五）建构主义学派翻译理论

正是由于批判的存在，创新才得以诞生。建构主义学派翻译理论就是在批判解构主义与结构主义之后产生的。建构主义学派翻译理论有着重构的性质，其以言语行为理论、实践哲学与交往理性为基础。建构主义学派翻译理论更加关心语言的实际运用，认为伴随语境的变化，言语主体的目的、情感等也会发生变化。

在实际使用语言的过程中，要将调节性规则与构成性规则相结合，如此方能让翻译更加得体、准确。除此之外，建构主义学派翻译理论还将共识性真理当作真理观基础。这种真理观将当时人们的观念作为评价标准。如果公众的共识出现变化，那么人们的价值观也会随之改变。尽管如此，不以时间为转移的客观性依然与真理观相符。译文既要具有可接受性、合理性、与知识的客观性相符合，又要尊重原作的定向性和图式框架。

### （六）女性主义学派翻译理论

伴随西方第二次女权主义浪潮的产生，女性主义者开始将目光聚焦于文本上。女性运动直接引起女性主义的学术研究，促使各种女性主义流派兴起。一方面，她们倡导男女平等，另一方面，在翻译研究"文化转向"的影响下，女性主义开始不满甚至怀疑自己的文化身份，渴望重建身份，在这种情况下，诞生了女性主义学派翻译理论。女性主义学派翻译理论就是将翻译与女性主义相融合，在对翻译进行研究的同时，分析女性主义怎样相连于翻译、女性主义对翻译有哪些重要的积极影响等。其打破了传统译论中原文与译文的主仆关系，提出译文不必忠实于原文的观点。

雪莉·西蒙、劳丽·钱伯伦等对女性主义学派翻译理论的贡献都是巨大的。

1. 雪莉·西蒙

雪莉·西蒙所著的《翻译的性别：文化认同和政治交流》是西方第一本在女性主义视角下全面论述翻译问题的学术性专著。她的翻译观非常独特，认为原文中包含无限个文本链与话语链，而翻译就是其中意义的延伸。在她看来，翻译不是语言之间的转换。另外，她也指出，社会意识和话语建构了性别，而性别又构成了身份与经验。

2. 劳丽·钱伯伦

劳丽·钱伯伦十分关注性别政治，她通过分析 17 世纪到 20 世纪翻译中的性别化隐喻，来探索其中的性别地位。西方文化一直将翻译视为和女性同等的地位，认为翻译是次要的。她认为将男女之间的不平等的地位关系投射到文本关系上是不合理的，必须予以消除。女性的地位、女性译者的地位都应该得到提高。

### （七）后殖民主义翻译理论

20 世纪 90 年代，形成了后殖民主义翻译理论，第一次将翻译联系于政治，揭示了翻译中存在的权力关系及其作用。后殖民主义翻译理论为翻译本质的研究提供了全新的视角，其主要分析帝国主义的文化侵略、殖民地与宗主国之间的关系，揭露西方形而上学话语的局限性，使团体、文化或民族成为心理认同的对象和话语的"主体"。曾经帝国主义开展殖民活动的对象是"领土"，而如今已经向"意识"转变。而从翻译方向所具有的不平衡性上能够体现出这种转变，弱势语言被翻译成强势语言的作品数量要少于强势语言被翻译成弱势语言的作品。

爱德华·赛义德、佳亚特里·斯皮瓦克、霍米·巴巴是后殖民主义翻译理论的主要代表人物，其也被称为后殖民主义的"圣三位一体"。

### 1. 爱德华·赛义德

爱德华·赛义德认为，西方殖民主义想对东方进行制约，所以将一种根深蒂固的政治教义——东方主义制造出来。西方主流学术界一直忽视东方，但爱德华·赛义德着眼于对东方进行研究，后来后殖民主义翻译理论和实践都受到爱德华·赛义德研究成果的启迪。

"理论旅行"概念是爱德华·赛义德取得的另一学术成果，同样备受关注。他认为，在某种理论进入另一个情境的过程中，该理论就会丧失自身所具有的部分特征，同时和进入地的文化相互作用。所以，翻译完全会导致理论的变化，而在西方人眼中，通过翻译而实现的文化再现，自始至终都是"他者"的角色。

### 2. 佳亚特里·斯皮瓦克

佳亚特里·斯皮瓦克的翻译研究视角纷繁复杂，她擅长将其他领域的思想植入翻译研究中，并因此派生出自己的翻译理论。她的思想理论的形成得益于比较文学、社会学、哲学、人类学、解构主义、翻译理论、女性主义、马克思主义等的滋养，其中解构主义对她的思想影响最大。佳亚特里·斯皮瓦克从一种独特的文化理论阐释的角度解释了雅克·德里达的重要理论概念，如延异、差异、播撒、痕迹、踪迹、语音中心主义等。从此，阐释作为人文科学著作翻译的新手法被人们所了解，这是一种不囿于原文语言和结构的翻译策略。不仅如此，佳亚特里·斯皮瓦克还对语言的修辞与逻辑之间的关系进行了研究，认为修辞是摧毁逻辑的主要力量，因此译者应该认可语言的修辞性，并且认为翻译还是一种涉及伦理和政治的文化批判问题，而不仅仅是传递意义。

### 3. 霍米·巴巴

霍米·巴巴的主要研究成果在后殖民主义理论中是不可替代的，如他提出的"第三空间""混杂性""言说的现在"等概念，其中混杂性理论影响了全球性后殖民语境下的民族和文化身份研究。霍米·巴巴系统学习了民族建构与话语叙述理论，并且很自然地将二者应用在文化翻译实践中，进而产生了积极的效果，从而后殖民文化研究和翻译理论研究在解构性方面有着创造性的表现。他的文化翻译理论直接对西方文化霸权主义发起挑战，强调语境的特殊性、历史的差异性，并且为少数族裔的立场摇旗呐喊。

# 第二章　翻译的实践方法技巧

所谓翻译，即指使用一种语言完整而准确地对另一种语言所表示的思想内容进行重新表达，既是一种语言活动，也是一种文化活动。同时，对于那些使用不同语言的人来说，翻译能帮助他们实现思想沟通，而对于科技、文化、经济、政治交流来说，翻译也是一种非常重要的手段。在翻译的实践过程中，我们也需要掌握一定的技巧。本章为翻译的实践方法技巧，包括词汇的翻译方法技巧、句子的翻译方法技巧以及语篇的翻译方法技巧。

## 第一节　词汇的翻译方法技巧

### 一、普通词汇翻译

在翻译普通词汇时，通常来说，译者需要对词汇的上下文关系、词性、搭配以及词义的语体色彩、褒贬等方面进行考虑。下面，本书针对这些方面进行具体分析。

#### （一）根据搭配翻译

由于受历史文化的影响，英汉两种语言都有各自的固定搭配。因此，译者在翻译时应多加注意这些搭配。例如：

heavy crops 丰收

heavy road 泥泞的道路

heavy sea 汹涌的大海

heavy news 令人悲痛的消息

#### （二）根据词性翻译

英汉语言中很多词汇往往有着不同的词性，即一个词可能是名词也可能是动词。因此，在进行翻译时，译者需要确定该词的词性，然后选择与之相配的意义。

例如，"like"作为介词，意思为"像……一样"；"like"作为名词，意思为"喜好"；"like"作为形容词，意思为"相同的"。例如：

I think, however, that, provided work is not excessive in amount, even the dullest work is to most people less painful than idleness.

译文：然而，我认为对大多数人来说，只要工作量不是太大，即使所做的事再单调也总比无所事事好受。

上例中，如果将"provided"看作"provide"的过去分词来修饰"work"，从语法上理解是没有问题的，但意义上会让人感到困惑；如果将"provided"看作一个连词，翻译为"只要、假如"，那么整个句子的含义就很容易让人理解了。

### （三）根据上下文翻译

上文与下文之间往往关联紧密，而这种关联也构成了特定的语言环境。对于读者来说，无论是判断词义，还是衡量所选择的词义准确与否，都需要这种特定的语言环境的帮助。实际上，除了判定某一单词需要联系上下文之外，在很多情况下，判定一个词组乃至一句话，也需要从上下文出发。例如：

Fire !

译文：火!

这个例子中的"Fire"，既可以是一个单词，也可以是一句话，假如缺乏上下文辅助，缺乏一定语境，单独对其进行判断，是很难确定它的含义的。我们既能够将其理解为"着火了!"，是人们在大声呼喊救命；也可以将其理解为"开火!"，是上级在下命令，而其究竟想表达怎样的意思，还得回到其所处的语境中进行判断。

### （四）根据词义褒贬与语体色彩翻译

词义包含感情色彩（如憎恨、厌恶、喜欢等），也包含语体色彩（如庄严、通俗、高雅等），所以译者在对单词进行翻译时，应当联系上下文对其进行区分，同时体现出其所代表的语体色彩、感情色彩。例如：

An aggressive country is always ready to start a war.

译文：好侵略的国家总是准备挑起战争。

An aggressive young man can go far in this firm.

译文：富有进取心的年轻人在这家公司前途无量。

当我们对这两句话进行通读之后，就能明显感觉到它们中的"aggressive"有着不同的感情色彩。在第一句中属于贬义色彩，而第二句中则属于褒义色彩。

## 二、文化词汇翻译

植物词、动物词、典故、习语、地名、人名中蕴含的文化内涵十分丰富，其不仅有着包罗万象的内容，也被极为广泛地使用着，是语言文化中的瑰宝。不论在汉语还是英语中，这些词汇都有着十分可观的数量。下面，笔者将探讨在翻译这些文化词汇时应当使用怎样的翻译技巧。

### （一）人名翻译

人名的文化内涵十分丰富，它诞生于历史发展之中，也是日常交往、生活的向导与媒介。然而，因为不同国家的人名文化差异十分显著，所以在对人名进行翻译时，译者遇到的困难也非常多。在这里我们需要注意一点，那就是特定文化中的人名命名密切关联于社会经济文化，通过对人名进行翻译，人们也能够了解不同社会经济文化之间存在的差异，理解对方人名的文化色彩与内涵。

在对人名进行英汉翻译时，通常来说译者需要遵循下面几点方法与原则。

1. "约定俗成"译法

人们的意向往往决定着事物的名称，同时人们也会逐渐遵守事物的名称。在长期的实践过程中，事物的名称、形式等被确定下来，渐渐成为一种"约定俗成"。在翻译历史名人的人名时，常常使用"约定俗成"译法。因为在历史发展的过程中，人们逐渐沿袭运用这些译名，并将其保留下来。例如：

Holmes 福尔摩斯

Bernard Shaw 萧伯纳

Pearl Buck 赛珍珠

在翻译这些有着一定历史背景与影响力的人物的名字时，通常要采用固定译法，这也体现了"约定俗成"译法。

2. "名从主人"译法

伴随经济全球化的不断推进，移民的人越来越多，异国婚姻也越来越多，很多人获得了所在国家的国籍，也从感情上认可所在国家，这就导致姓名的语源渐渐被隐藏，很多后代的名字都无法追根溯源。基于此，一个常见的问题出现在人们面前，那就是如果译者想要对人名进行准确翻译（除了上述那种约定俗成的名人姓名之外），就要研究清楚其主人的身世背景，显而易见，这是很不现实的。

此外，中国人与西方人在人名来源、构成等方面都有很大的不同，这也对译者提出要求，他们需要在翻译的过程中反映出不同民族的人名特征。从翻译角度来看，英语属于表音文字，而汉语属于表意文字，所以在翻译人名时，不应采用"转写"的方法，通常来说应当使用"音译法"。音译法指的是让目的语语音最大限度地模仿源语的语音。采用音译法翻译人名的时候，译者应当坚持"名从主人"，也就是要根据源语的读音规则与发音进行翻译。除此之外，姓名的顺序也应当与目的语国家的规范相符合。例如，西方人人名是名前姓后，而中国人人名则是名后姓前。

从《关于改用汉语拼音方案作为我国人名地名罗马字母拼写法的统一规范的报告》中我们可以看出，在翻译英语人名的过程中，译者必须充分尊重各国主权，翻译时采用各国的标准罗马拼写，不能使用意译法，而应采用音译法。例如，在翻译"Snow"这一人名时，我们应将其翻译为"斯诺"，而不应翻译为"雪"；在翻译"Talleyrand"这一人名时，我们应根据法语规则，将其翻译为"塔列朗"，而不能翻译为"泰里兰"。

同时，我们也要认识到，尽管中西方人名有着非常丰富的含义，但是人名其实更多的是一种符号而非含义的表现，所以译者在对人名进行翻译时，只需要表现其表层形式，无须刻意表达某些特殊含义。例如，在翻译"Sharp"这一人名时，我们应将其译为"夏泼"，而不用将其译为"尖刻"。

如今，译者普遍接受"名从主人"译法，同时也将其作为翻译中的重要方法之一。不过，"名从主人"翻译法在运用上仍有一些问题，亟待进一步研究解决。

### 3.归化策略和异化策略

所谓"归化策略"，指的是替换或省略源语表达形式，使用地道的表达形式表示目的语。在翻译的过程中运用归化策略，将让译文失去源语文化意义，与目的语的文化意义更为相符。

所谓"异化策略"，指的是在翻译的过程中，译者保留了源语文化，同时尽可能与原作者的表达相贴近。

我们都知道，语言反映着客观世界，然而，在不同的文化背景、思维方式的影响下，针对同一客观事物，不同民族也会有不同的认知，差异是十分明显的。因此，在翻译那些富有历史色彩的信息时，译者需要最大限度地保留其蕴含的文化背景知识，最好选择异化策略，如此对传播源语文化是大有裨益的。

译者有时会感到迷茫，在对人名进行翻译时，到底应当采用异化策略还是归化策略？其实，这两种策略没有孰优孰劣，译者在翻译时，应当从具体问题出发，选择更为合适的翻译策略。例如，在过去，人们翻译武打明星成龙的名字时，将其译为"Jackie Chen"。不过，渐渐地，人们也开始质疑这种归化策略，认为这种翻译使人很难判断人名文化的源头，所以是不可取的。基于此，出现了异化策略。例如：

刘翔 Liu Xiang，而不是 Xiang Liu。

姚明 Yao Ming，而不是 Ming Yao。

尤其在翻译文学作品时，归化策略往往会将中西人名中的文化差异抹杀掉，失去人名中所承载的源语文化信息，造成中西人名文化氛围不协调。例如：

Tolstoy 托尔斯泰，不需要翻译为"陶师道"。

### 4. 同名同译法

受历史、社会等因素的影响，同名不同译的现象非常多。例如，对于《红与黑》的作者"Stendhal"，《辞海》中将其翻译为"司汤达"；《中国大百科全书》将其翻译为"斯丹达尔"；《外国历史名人辞典》中将其翻译为"斯汤达"。对于这些译名，读者很难做出判断，因此译者在翻译时尽量同名同译。例如：

Smith 史密斯

Robert 罗伯特

## （二）地名翻译

对于地名文化的翻译，应该坚持两条原则：一是让外国人看懂，二是基于第一条原则，让本地人能明白他人说的地名是什么。在翻译某些地名时，译者应该具体问题具体分析。

### 1. 音译法

音译法是地名翻译的主要方式。中国一些省、市、县等的地名翻译往往要直接使用汉语拼音，即音译。例如上海（Shanghai）、天津（Tianjin）、和县（Hexian）、萧县（Xiaoxian）等。需要指出的是，如果有些地名写成拼音形式容易混淆时，建议用隔音符号进行分割。例如西安（xi'an）、兴安（Xing'an）、东阿（Dong'e）等。

为了保证中西地名翻译的准确性，且保留源语文化的底蕴，西方很多地名往往也采用音译法。例如：

Pisa 比萨

Berlin 柏林

Toronto 多伦多

2. 意译法

英汉语言中的有些地名代表的是美好愿景，有些地名代表的是富饶物产，有些地名代表的是浓郁的地域特征等。在汉语中，为了体现这些地名固有的文化内涵，有时候可以采用意译法。例如：

象鼻山 the Elephant Hill

牛尾海 Port Shelter

英语中也是如此，有些地名用音译法很难表现其内涵，因此采用意译法进行翻译，如通用名，修饰专属名的新旧、方向、大小的形容词，含有数字的地名，来自人名的地名等。例如：

Great Island 格雷特岛

Mount Alabama 阿拉巴山

3. 习惯译法

我国幅员辽阔，很多地方有着相同的名字。对于这一现象，译者必须严格按照中国地名词典标注的读音和书写形式进行翻译，不能随意更改。例如：

单城 Shancheng Town（山东省单县）

在英语中，源于人名、民族名的地名通常采用其习惯译名。

例如：

White Harbor 怀特港

4. 非义译法

在翻译某些专有地名时，译者需要使用显义译法翻译那些具有实在意义的词；使用非义译法翻译那些不存在实在意义的词，从而防止读者进行一些不必要的联想。例如，我们应将"Sydney"翻译成"悉尼"，而不应翻译成"雪梨"，这是因为"雪梨"具有实在意义，它是我们生活中一种很常见的水果，而"Sydney"这座城市明显不具有水果的意义，如果将其翻译成"雪梨"，就很容易让读者陷入误解，同时也十分不妥帖、不确切。

5. 显义译法

部分地名的某些单词是具有实在意义的，因而在翻译这些地名的时候，应当采用显义译法。在此，我们以"New Zealand"为例，它是一个岛国，位于太平洋西南部。由于"New Zealand"和荷兰的"Zealand"岛十分相似，所以人们将其称为"新的西兰岛"。显而易见，对于"New Zealand"来说，"New"具有实际意义，而非仅仅是地理符号，所以在对其进行翻译时，不宜翻译为"纽西兰"，而应翻译为"新西兰"。

## （三）习语翻译

不同民族有着不同的价值观念、心理状态、风俗习惯、经济生活、历史背景，生活于不同的地理环境中。由于习语与人们以及人们生活的环境密切关联，所以习语所带有的民族特征也是十分深厚的。

例如，那些以母语为英语的国家，大多位于海洋环绕的板块上，像英国与美国，其重要的地域特征就是多面环绕海洋。英国与美国的海洋资源可谓得天独厚，因而其一度以航海运输业为自身重要的生产方式。英国与美国对海洋有着深厚的情感、深刻的认知，因而创造了丰富的海洋文化。于是，英语中出现了很多与海洋和航海工具相关的习语，如 all/completely at sea（茫然、困惑），in the same boat（同处危机），set sail（远航）。受海洋这一特殊地理环境的影响，英国的气候变化无常，时而风和日丽，时而大雨滂沱，所以英国人对气候非常无奈，并且经常彼此抒发这种对气候的心情，如"Everyone talks about weather, but no one could do anything about it"。

具体来讲，习语的翻译可采用以下几种方法。

### 1. 直译法

英汉语言中的一些习语在形式和喻体形象上非常接近，译者翻译时就可以采用直译法，再现原文的形式并保留原文的喻体。例如：

tower of ivory 象牙塔

put oil on the flame 火上浇油

paper tiger 纸老虎

### 2. 意译法

由于中西方文化背景的不同，许多英汉习语在形式和意义上无法对等，此时就不能用直译法进行翻译，而可以尝试用意译法进行翻译。运用意译法可以传达出原文的含义和语体风格，其不拘泥于原文的形式和修辞手法。例如：

a lion in the way 拦路虎

the heel of Achilles 致命的弱点

like a fish out of water 很不自在

3. 套译法

如果英语和汉语中的习语有着相近的形式与内容，也就是有着相似的比喻意义、喻体形象与字面意义，那么译者就可以借用相互对应的习语进行对等翻译。例如：

make pig of oneself 猪一样的饭量

A rat crossing the street is chased by all. 老鼠过街，人人喊打。

## （四）典故翻译

汉语典故与英语典故都浓缩自形象、生动的故事。所以，通常来说，典故都具有含蓄、精练的特点，能够引发人们的想象。无论是英语典故还是汉语典故，都有着非常丰富的文化内涵，所以，在对典故进行翻译时，译者应当灵活使用翻译方法，从而准确传达出典故中所蕴含的文化含义。在此，笔者阐述翻译典故的方法。

1. 直译法

直译法能充分再现源语典故的形象和民族特色，因此在翻译英汉语言中喻体和喻义相互对应的典故以及广为人知的典故时，可以采用直译法。例如：

wolf in sheep's clothing 披着羊皮的狼

shuttle diplomacy 穿梭外交

2. 意译法

意译法是在直译法无法使目的语读者理解其含义时，依据原文的意思，运用译入语中相应的表达方式进行翻译的一种方法。意译法虽然不能有效保留原文的文化形象，但能充分传达原文的内在含义。例如：

like a fish out of water 很不自在

hide ones candle under a bushel 不露锋芒

3. 套译法

在翻译英汉典故时还可以使用套译法，这种翻译方法适用于文化内涵大致相同、语言表达方式大体相似的典故。例如：

Walls have ears. 隔墙有耳。

kick down the ladder 过河拆桥

### （五）动物词翻译

每个民族的语言都与其自身的文化紧密相连。在文化内容、文化传统等因素的影响下，无论英语还是汉语，都将一定的文化内涵赋予动物词汇，同时也形成了自身特定的动物文化。

例如，汉语中"龙"的文化内涵和英语中"dragon"的文化内涵就截然不同。"dragon"在西方神话传说中是一种长着蛇的尾巴、覆盖鳞片、背生双翼，嘴巴能够喷出火焰的动物，代表着邪恶。在西方人眼中，"dragon"是凶残的，需要被人消灭。因而在西方，很多古代神话故事中"dragon"会被英雄剿灭。在英语中，与"dragon"相关的词，很多都包含贬义，如"to sow dragon's teeth"，意思是"播下了不和的种子"；"the great dragon"是恶魔撒旦的称呼。

但是，"龙"在中国人眼中是一种图腾。在中国古代传说中，龙可以上天入地，还能行云施雨，它将多种动物的本领集于一身。在中国，龙象征着吉祥，同时中国人也因自身是"龙的传人"而自豪。在中华数千年历史中，龙始终形象高大，有着非常高的地位，还象征着封建皇权。例如，皇帝是"真龙天子"，其坐的椅子是"龙椅"，穿的衣服是"龙袍"。中华民族十分推崇龙所具有的英勇不屈的精神，想要将其发扬光大，继而形成了不屈不挠的精神观念，构成了中华民族的道德规范。在汉语中，也有很多与龙相关的成语，如"生龙活虎""画龙点睛"等。

从上述阐述中，我们可以看出，英汉动物词汇文化差异明显，因此译者在翻译的时候要对这方面多多留意。下面，笔者介绍几种翻译方法：

**1. 直译法**

所谓直译，即将源语中的动物文化意象直接翻译为目的语文化中的对等意象。由于人们对某些动物的情感有共通性，因此在翻译时可以实现文化重合，进行意象的等值传递。例如：

A lion at home，a mouse abroad.

上例中包含两个动物意象："lion"与"mouse"，而英汉两种语言中都可以用狮子形容凶猛，用老鼠形容胆小，因此可以直译为"在家如狮，在外如鼠。"

**2. 转译法**

所谓转译，即在目的语中存在一种动物意象能够与源语中的动物意象实现对等，这样做的目的是便于理解与把握。有时，译者采用转译的翻译手法主要是因为源语意象并不能被读者理解与把握，且目的语中恰好存在与之相契合的对等意象，因此就用其加以替代，以便于理解与把握目的语。例如：

落汤鸡 like a drowned rat

拦路虎 lion in the way

### 3. 省译法

所谓省译，即对动物文化意象的减值传递，有些动物词汇在英语中有着丰富的文化内涵，但是在汉语中并不存在；反过来同样如此，因此译者可以采用意象减值传递的手法，直接翻译出动物意象的内涵，也被称为"释义法"。例如：

a poor fish

英语中的"fish"可以指代特殊的人，但是在汉语中并不存在这一意象，因此可以将动物意象省略，直接翻译为"倒霉的人"，这样才能消除读者的阅读障碍。

## （六）植物词翻译

大自然的绿色象征着生命，人类与植物有着密切的关系，依靠这些植物，人们才得以延续与发展。千百年来，人们将植物作为物质基础，并运用植物来表达情感与思想。因此，植物就逐渐具有了深刻的审美价值与文化意蕴。概括来说，人们对各种植物的态度、看法及各类植物所蕴含的意义反映的是该植物文化的基本内容。由于受文化背景、自然条件的影响和制约，各民族有着不尽相同的植物文化。

例如，英语中的"daffodil"是道德的象征，代表的是一种自我欣赏、傲慢、自尊自大。在希腊神话中，那耳喀索斯（Narcissus）是一位美少年，但是他只爱惜他自己，对他人不关心，回声女神厄科向他表达爱意，他直接拒绝了她，之后厄科逐渐憔悴，躯体消失，只留下山林中的回声。爱神阿佛洛狄忒为了惩罚那耳喀索斯，让他迷恋上自己的倒影，最后憔悴而死，死后那耳喀索斯化成了水仙花。因此，"daffodil"有了与"narcissus"同样的寓意。相比之下，汉语中的水仙花是"花草四雅"之一，在我国已经有一千多年的培育历史了，从宋朝以来，出现了很多歌颂水仙花的诗词。水仙花在诗词中被描述为"凌波仙子"，代表的是轻盈漫步的仙子，因此有了"高雅、脱俗"的含义。

由于英汉植物词汇文化存在明显的差异，因此对于植物词的翻译需要采用恰当的方法。

1. 直译法

一些植物词汇在英汉语中的联想意义基本相同或者相似，这时可以采用直译法进行翻译，能够将原文的形象保留下来。例如：

sour grapes 酸葡萄

hold out the olive branch 抛出橄榄枝

2. 意译法

通常来说，在对植物词进行翻译时，应当保留原文的风味，这主要是考虑到读者的接受程度。假如译者采用直译法，那么读者在阅读时很可能出现无法理解该植物词的情况。所以，译者在翻译植物词时，应当考虑译文与原文的文化差异，选择接近于目的语的词语，从而更好地表达原文的意义。例如：

苦如黄连 as bitter as wormwood

如果将其翻译为"as bitter as coptis"，会让目的语读者感到奇怪，也很难理解深刻，所以翻译为"as bitter as wormwood"更为恰当。

# 第二节　句子的翻译方法技巧

英汉句子表达方式存在明显的差异，因此这对句法层面的翻译造成一定的影响。为了进行有效的翻译，本节主要分析句法层面上的翻译，包括长句、被动句、否定句的翻译，进而充分地理解源语与目的语之间的表达异同和真实含义。

## 一、长句的翻译

英语长句在大多数情况下是由一些比较基本的句型扩充得到的，并且注重形合，句子主次分明，运用语法主干表达句子的主要信息，同时也通过众多语法手段，如虚词、从句等表达句子的次要信息，句子的逻辑性极强。汉语和英语相比非常注重意合，一般以"话题"为中心可以自由地展开，不仅不存在词形变换，也很少运用连接词，主次信息通常暗含于语境中，以及句子意义当中。

因此，我们可以看出来英语句型和汉语句型有着较大的差别。在翻译长句的过程中，除了要充分掌握两者句型的特点之外，还要深入了解两者之间存在的差异，并且根据实际情况来进行灵活的运用。可以采用以下几种方法。

### （一）复合译法

复合译即将原文中两个或两个以上的英语词语或句子合译为一个汉语单

词、句子，或用一个单句表达原文中的一个复合句，从而使译文的逻辑更加清晰。例如：

Our marketing director is going early to participate in the conference beforehand, and the rest of us will leave next Thursday to set up.The show opens on Friday.The exposition will lastthree days，so Sunday is closing.

译文：我们市场部主任打算提前参加会议，其余的人下周四出发去布置。展览会周五开幕，持续三天，周五闭幕。

分析上例，英语句子是由三个句子构成的，后面两个句子所叙述的内容都是围绕"The show"展开的，因此在翻译时不必对此进行重复，翻译成三个短句即可。

## （二）拆分译法

拆分译即将英语中的词、词组和从句等成分进行拆分，突出重点，利于句子的总体安排。如果英语长句中的主句与从句，或主句与修饰语之间联系不太紧密，翻译时可采用拆分译法进行处理。例如：

As we lived near the road，we often had the traveler or stranger visit us to taste our gooseberry wine，for which we had great reputation，and I confess，with the veracity of an historian that Inever knew one of them to find fault with it.

译文：我们就住在路边。过路人或外乡人常到我们家，尝尝我们家酿的酸果酒。这种酒很有名气。我敢说，尝过的人，从没有挑剔过。我这话像历史学家的话一样靠得住。

通过分析上述例子可以看出，英语句子较长，其中包含了很多从句、修饰语等，如"for which…and…with…that…"等，在翻译时如果按照英语的表达习惯，会让汉语读者费解。因此，译者往往将长句进行拆分，以小句、短句的形式呈现给汉语读者，易于汉语读者理解和把握。

## （三）综合译法

在翻译时仅仅采用单一的翻译策略无法达到比较好的效果，只有充分、综合运用多种翻译策略，才可以达到比较好的翻译效果。翻译英语长句的时候采用综合译法需要在充分理解和掌握原文信息的基础上，使原文可以有效地摆脱句子结构、形式的种种局限和束缚，运用各种方法，如拆分法、逆序法等将这些方法巧妙地结合在一起，并且在重组长句的时候依照译入语的习惯来进行，从而使得表达效果更加自然。

## 二、被动句的翻译

### （一）化被动为主动

被动句在英语当中使用的次数非常多，特别是在科技和法律的文体当中表现最为明显。大多数情况下，只要是没有必要说出施行者或者强调动作的承受者的，使用被动语态较多。汉语的表达习惯和英语的表达习惯相比较有着一定的差异，汉语的表达非常注重动作的施行者，从某种程度而言和我国的"天人合一"思想存在着极为紧密的联系，所以汉语的表达习惯大多数运用主动句。同时，这也说明了在翻译的时候经常会遇见英语被动句和汉语主动句之间的转换。例如：

Fifteen people had been saved by the rescue team in the fire.

译文：在火灾中，救援小组已救出十五个人。

上述例子是将被动句转化成主动句的例子，这样的翻译使得译文更易于被理解。

### （二）化被动为被动

不是翻译所有的英语被动句时都需要进行转换。也就是说，汉语中虽然也存在被动句式，但是汉语的被动语态主要是通过特殊词汇表达出来的。构成汉语中被动句的手段有两种：一种是有形态标记的，即"叫""让""被""受""为……所"等；另一种虽然是无形态标记的，但是逻辑上属于被动。在翻译英语被动句时，译者可以根据具体的情况进行调整。例如：

The supply of oil may be shut off.

译文：石油供应可能会被切断。

该例在翻译时采用了有形态标记方式，即翻译为"被……"，这样的翻译也是正确的。

### （三）化被动为无主

汉语属于主题显著性语言，因此汉语非常看重句子的主题，这时无主句就成了汉语中的一种特殊句型。也就是说，有时候与英语一样，汉语句子也可能无法说出动作的施行者，这时候就可以不说出主语。这种无主句经常用来表达态度、观点、号召等，与英语不同的是，这种情况下一般英语采用被动句来传达，汉语使用无主句。所以，可以将英语的被动语态转化成汉语的无主句。例如：

You are requested to finish this task before tomorrow evening.

译文：请你在明天晚上之前完成这项任务。

在翻译该例句时，无法说明动作的执行者，因此直接翻译成无主句，更加通俗易懂。

### （四）化被动为判断

所谓判断句是汉语中常见的"是"相关结构。如果英语中被动句表达的是判断意义，那么在翻译时可以将英语的被动句转化成汉语的判断句。在转换时，一般将英语原文的主语转化成译文的主语，当然也有特殊情况，即将英语原文的主语转换成其他主语。例如：

Iron is extracted from iron ore.

译文：铁是从铁矿中提炼而来的。

上述例子，原句子中是用"is"引导的判断句，因此在翻译时也用汉语判断句来表达，翻译为"是……"。

## 三、否定句的翻译

英语中的否定句具有非常灵活的形式。在翻译否定句时，应仔细分析原否定句的结构，准确理解其真正含义以及否定词所否定的对象或范围，结合其逻辑意义，选用合适的翻译方法。

### （一）全部否定句翻译

对句子否定对象进行全盘、彻底的否定就属于全部否定，常使用"no、not、never、none、nothing、nobody、no one"等表达方式。在翻译全部否定句式时虽然可直接翻译全部否定词，但应确保符合译入语的表达习惯。

### （二）部分否定句翻译

在部分否定句中，整个句子的意义一部分是否定的，另一部分是肯定的。一般来说，部分否定句由否定词与代词或副词组合而成，这些代词或副词有"both、every、all、everything、everybody、entirely、wholly、everywhere"等。在翻译部分否定句时，常将其译为"并非都""不总是""不都是""不一定总是"等。例如：

Yet all may yet be lost.

译文：迄今为止，他们也并非一无是处。

"not"连用时，应该翻译为"并非……"，"lost"本身也带有否定的意思，呈现的是一种否定的状态，翻译为"一筹莫展的""丢失的"。按照这样的推理，这句话应该翻译为"他们并非失去了所有"，但是这里"迄今为止"表达的是一个时间段概念，"失去"显然是一个短暂性的行为，这样从逻辑上是行不通的。相比之下，将其翻译为"一无是处"，与原作是契合的。

### （三）词缀否定句翻译

众所周知，具有否定意义的词缀在英语否定句当中极为常见，如"dis-，im-"等，这也间接证明了在这些词缀当中暗含有否定词"not"的意义，所以在翻译句子的时候应该充分按照目的语的习惯翻译成否定形式。例如：

In the United States, socialism was utterly discredited.

译文1：社会主义在美国已不可信。

译文2：社会主义在美国不攻自破。

上例中，"discredited"的含义为"使……不可信"，这里如果直接按照字面意思，翻译为译文1，那么很显然不够贴切，译文2翻译为"不攻自破"，给人以"不需要攻击，自己就会破灭"的感觉，恰好符合原文的意义，也强调了第二次世界大战之后资本主义逐渐站稳了脚跟。

### （四）意义否定句翻译

英语的否定表达和汉语的否定表达有着较大的差别，其中最为明显的就是表达样式多，常见的有词法否定和句法否定，简单来说就是虽然在形式上进行了肯定，但是也包含否定的意义，通常情况下将其称为意义否定句。

译者在翻译意义否定句的时候，可以充分按照语气的强弱来进行，同时非常巧妙地和汉语的表达习惯结合在一起。面对语气比较强的，译者在翻译的时候可以使用否定句型；面对语气比较弱的，译者在翻译的时候可以使用肯定句型。例如：

The Cold War was far from over.

译文：冷战远未结束。

上例属于形容词引起的意义否定句。相比较其他形式的否定句，这样的表达较为含蓄，可以翻译为肯定形式，也可以翻译为否定形式。译文将其翻译为"远未"这种否定形式，可以让句义更为简明，便于读者理解。

# 第三节　语篇的翻译方法技巧

## 一、考虑语境

为了充分将内容表达出来专门进行写作的形式，我们将其称为语篇。语篇作者在写作的时候，为了进一步表达思想，通常会通过语境来烘托和渲染气氛。简单来说就是，情境语言从某种程度上展现了社会文化，同时也是社会文化的现实化。需要注意的是，译者在语篇翻译的过程中，要重视语篇语境的作用，并且充分发挥语境的信息提示功能。

同时，译者在语篇翻译的过程中，除了全面考虑语篇结构之外，也要梳理语篇结构，因为译者想要充分理解和掌握句子结构，语境是极为重要的线索。

另外，语境也可以起到补充成分的重要作用，原因在于语篇具有一定的连贯特征，其连贯特征在一定程度上包含了省略。需要注意的是，想要真正起到补充成分的作用，前提就是语境在发挥作用。省略的主要目的是能够降低语言信息的重复频率，凸显句子的主要信息，从而使得文章更加连贯和自然。

## 二、注重衔接

注重衔接在语篇翻译中极为重要。衔接主要指的是上文和下文的相互连接，同时也是使文章表达更加流畅，以及语义更加连贯的极为重要的因素。译者在进行语篇翻译的时候，只有了解和掌握文章衔接的手段，才可以更好地翻译。

## 三、利用移情

译者要深刻体会作者使用移情的方式，译者只有在翻译的时候真正地进入语篇描写和勾勒的世界当中，才可以亲身感受到作者的诸多情感，从而提升译文的准确性。

语篇移情的翻译技巧主要指的是从整体上把握语篇的内涵及语篇的神韵，使得译者在翻译的过程中让原文和译文，无论是在语气、风格还是在形式上都可以保持一致，让译入语读者和原文读者都可以产生和作者相同的美感体验。

译者在进行语篇翻译时，要考虑以下两点。

①原作的结构和作者写作时的心理状态。译者想要深入理解和认识语篇，需要分别从语言与思维两个完全不相同的角度来进一步了解原作的结构，以及作者写作时的心理状态。译者在翻译的时候只有从上述两个角度体会和感受到作者的一系列想法之后，才可以顺应原文，以及尊重原作的结构和作者写作时的心理状态。

②目的语读者的阅读心理与阅读标准。目的语读者的阅读心理与阅读标准对于语篇翻译也有着重要的影响。一般来说，译者在进行语篇翻译之前需要在心中预设译文的读者群，同时考虑该群体的阅读心理和阅读标准。例如，我国著名翻译家傅东华在翻译《飘》时就对原文进行了删减，他认为文章中一些冗长的心理描写与分析跟情节发展关系不大，并且阅读起来还会令读者产生厌倦，因此将这部分内容删除了。可见，傅东华就是在充分考虑读者的阅读心理的基础上对原文进行了有效处理。

# 第三章　不同语体的翻译实践应用

译者在翻译的过程中，面对各不相同的语体，其采用翻译的技巧和方法均是不相同的，并且翻译的语体也不同。本章对不同语体的翻译实践应用进行重点介绍，分别从新闻、文学、公文、广告和旅游五个方面来阐述。

## 第一节　新闻语体的翻译实践

### 一、新闻语体的含义

新闻借助大众传播工具，如报刊、电视等向公众不断传播信息。在新闻中使用的语体，我们将其称为新闻语体。

美国、英国等一些国家通常在对新闻进行划分的时候，按照纪实性将新闻分为两大类，一是硬新闻，二是软新闻，其中前者包括深度报道、新闻报道等，后者包括一些新闻特写、新闻评论等。在我国的汉语中，新闻包含了很多方面，如深度报道、消息等。

### 二、新闻语体的特点

#### （一）语言大众化

新闻有着极为广泛的受众。因此，新闻为了最大限度地适应众多消费者的不同的需求，会使用比较大众化的通俗语言，这样除了可以拉近与读者之间的距离之外，也可以迎合大多数读者的不同需求，以及使读者在读新闻的时候感觉更加亲切。除此之外，俚俗语与口语的充分使用是新闻语言大众化最为主要的展现方式。

## （二）语言简洁

英语和汉语的新闻语言在表达的时候，除了做到言简意赅，还要做到简明扼要，最大限度使用最少的文字将内容展现出来，以便让大众在最短的时间获取最广博的信息。这一点无论是在英语的新闻标题上，还是在汉语的新闻标题上，都有着极为明显的表现。

同时，英语新闻和汉语新闻在句式结构上都极为注重简洁。下面着重介绍英语新闻。英语新闻为了真正做到句式结构上的简洁，会使用不同的短语，如名词短语、分词短语等来代替从句，这样不仅可以使新闻的叙述变得更加清晰，也可以使新闻的句子结构变得更加明了与简洁，使读者在接收到新闻之后，思路变得更加清晰。

## （三）用词新颖、灵活

新闻的主要目的是充分吸引读者的目光和注意力，使读者充分了解国际上发生的最新事件，以及使读者全面了解国内发生的众多最新事件。新闻为了达到吸引群众目光的目的，在用词上通常会另辟蹊径，别具一格。

新闻用词新颖、灵活表现在使用地名、建筑名以及其他领域的专业术语等。因此汉语和英语的新闻中经常会出现用地名或者建筑名，借指部分国家政府和国家机构，如我们常说的白宫代指美国政府等。

新闻用词新颖、灵活表现在使用和杜撰新词。由于新闻的性质，它对社会生活中出现的新事物、新变化以及科学技术的新成果、新理论总是最为敏感的，并以最快的速度加以反映。这也导致新闻中频繁出现新词语。例如，在汉语新闻中出现的"下岗""待岗""农民工"等。在英语新闻中由于英语构词法的特点，新词更是频繁出现，如 e-mail、e-book、teleconference、demerge 等。

## （四）善用修辞

要想让新闻报道更形象、生动，汉语和英语的新闻都特别善于使用修辞手法，通过使用通俗易懂的语言解释和描述部分读者觉得晦涩、深奥的术语和名词，让新闻在不失真实性的同时增长读者的知识。

## （五）英语新闻中时态的活用

英语新闻为了给读者一种现实感和新闻的及时感，经常用一般现在时表示过去。这种时态的活用在新闻的标题中出现的频率非常高。

# 三、新闻语体的翻译

## （一）新闻语体标题的翻译

### 1.灵活采用直译与意译

译者在翻译新闻语体标题的时候，应该将直译和意译这两种翻译方法充分地结合在一起，并且灵活运用。译者在翻译新闻英语标题的时候想要做到准确翻译，应该对原文有深刻的理解和掌握。假如英语新闻标题的含义极为明白，那么译者在翻译时可以选择直译，这样我国的众多读者才不会出现理解上的问题。

需要注意的是，英语的新闻标题在大多数情况下，都有着极为鲜明的特色，译者在此时如果采用直译的方式，会对读者的阅读效果产生非常大的影响。

例1：Olympics Begin in Style；Swimmer Takes 1st Gold

译文：奥运盛大开幕，泳将喜夺首金

例2：Looking Back to Look Ahead

译文：回首往昔，展望未来

上面的两个标题全部都采取了意译和直译相结合的方法，使译文非常流畅和自然。它们不只带有一般的汉语新闻标题中最经典的特征，还十分准确地表现出标题本来要表达的意思，文采绰约，对仗工整。

### 2.灵活处理原文中的修辞

新闻标题为了吸引读者阅读，常常会采用各种各样的修辞手法。译者在对文章进行翻译的时候，要尽量表现原文中的修辞，让译文和原文更加贴合。

例1：After the Boom

Everything Gloom

译文：繁荣不再，萧条即来

这个新闻标题使用了押韵的修辞手法，押韵的使用使新闻标题更加生动，并且读起来朗朗上口。其中的"Boom"和"Gloom"组成了尾韵，在汉语的译文中非常聪明地通过"再"（zai）和"来"（lai）这两个字体现出一种很好的押韵效果，也便于诵读。

例2：Soccer Kicks off with Violence

译文：足球开踢，拳打脚踢

这个标题在翻译的时候使用了双关这种修辞手法。

运用双关常常能收到幽默的效果。通常在足球比赛中"kick off"的意思是"开球"，与"violence"的意思一致，这样会在人的脑海里立马出现一幅拳打脚踢的画面，使人回味无穷：双方比赛一开球就打起来了。在这样理解的基础上，把这个标题翻译成"足球开踢，拳打脚踢"。使用双关的手法既使译文通顺畅达，又起到了幽默的效果。

例3：Japanese dash to US to Say "I do".

译文：日本的未婚夫妇冲进美国，在牧师面前发誓说"我愿意"。

这条新闻运用了隐喻的手法，以"I do"替代了"get married"。因为主持婚礼的牧师一般会问在教堂举行婚礼的西方人，"Do you take…to be your lawfulwedded wife/husband to live together in the estate of matrimony"（你愿意娶/嫁某某为你的合法妻子/丈夫，在一起幸福生活吗）等问题。如果双方回答"I do"（我愿意），牧师即证实这两人正式成为夫妻。因此，"I do"成为大多数英语国家在教堂举办婚礼的代名词。在原翻译内容中加入"未婚夫妇"和"牧师"等词比把原标题译成"日本人涌往美国说'我愿意'"效果理想，并且译文也变得比原翻译更容易理解，通俗易懂。

3. 灵活添加注释

因为我国的传统文化和西方文化有着很大的不同，这也就导致了思维方式的不同。译者在翻译的过程中要进行全方位的思考，除了充分考虑不同地区的文化差异，还要考虑不同读者的阅读心理差别。

也正是因为如此，译者在翻译的时候面对不熟悉的文化背景知识和信息，以及表达方式，需要有一定的变通和解释，同时也需要加上逻辑主语、人物国籍等。

例如：Lewis，Xie Voted World's Top Two

译文：路（易斯）、谢（军）成功当选为世界十佳（运动员）前两名

在上面的例子中，括号部分补充了相关新闻人物的实际情况，并且在逻辑上或语义上使信息补充完整，括号中补充的内容既补全了信息，又通俗易懂。可见，在翻译标题的过程中，使用恰当的解释进行补充，是有一定必要性的。

4. 套用中外诗词名句

汉语和英语中都有朗朗上口的名言警句和流传后世的诗词歌句，在翻译过程中可适当地借用、套用日常生活中耳濡目染的诗词或名言警句，在英文翻译中增强语言的亲切感、形象感，可以让读者有熟悉感。

例1：Bush Daughters Reach Legal Age to Drink

译文：布什双娇初长成，酒巷从此任逍遥

例2：Singaporean Film Star Gives Part of Liver to Save Dying Lover

译文：若为爱情故，肝脏也可抛

在上面的两个例子中，这些标题的翻译恰当地借用了诗词名句，使读者有亲切感和熟悉感。例1译文标题模仿了白居易的长篇叙事诗《长恨歌》中的"杨家有女初长成，养在深闺人未识"这一名句。另外，译文标题之所以把原文中隐含的"从此可以畅怀痛饮"这层意思点破，是因为对美国读者来说，"达到法定饮酒年龄"（Reach Legal Age to Drink）这句话本身足以产生这两姐妹从此可以豪饮的联想，说得过于直白反而少了韵味。例2标题的翻译模仿了匈牙利诗人裴多菲的"若为自由故，两者皆可抛"这一名句。因此，标题引出了一个令人感动的爱情故事，在一定程度上增强了原标题浓情蜜意的意境。

## （二）新闻语体导语的翻译

导语可以对新闻中的重要内容进行极为简洁的概括和总结，使读者清楚地看到新闻的时间、地点、经过等。

所以，新闻导语最大限度地借助简洁的文字，将新闻中极为重要的事实报道出来，具有提纲挈领的重要作用。一篇新闻报道是否可以吸引受众的目光、获得成功，最为关键的就是能否写好新闻导语。新闻导语不仅在新闻中占有极为重要的地位，还能进一步展现新闻的价值。

1.硬新闻导语和软新闻导语的翻译

（1）硬新闻导语的翻译

直接叙述新闻事实的导语就是硬新闻导语，和软新闻导语相比较更加具有程式性叙述的特点。英语的硬新闻导语在写作手法上比较注重写实，在用词方面极为凝练，同时在笔法上非常简约，大多数情况下不会运用带有比较强烈感情色彩的词句。

也正是因为如此，在翻译英语硬新闻导语的时候大多采用直译的方法，为了保证在翻译的时候充分符合汉语的表达习惯，可以在不影响原文内容的前提下，对内容进行适当的语序调整。

（2）软新闻导语的翻译

软新闻导语比较含蓄，并且具有一定的文学性，表达的方式和硬新闻导语相比较更加委婉，在表达的时候大多数采用的是藏头露尾的方式。软新闻导语的形式和写作手法灵活多样，译者在翻译的时候要运用各种艺术手法，从而保留原文的文学风格。

### 2. 原因导语和方式导语的翻译

当英语导语中对原因与方式进行重点强调的时候，可将原因导语的重心 why 以及方式导语的重心 how 放在句子前面，在句子后面放主语。大多数情况下，人们在进行汉语表达的时候习惯将人或者事放在叙述的前面，所以译者在翻译的时候要注意采用倒译。

### 3. 概括性导语和事实性导语的翻译

在英语的硬新闻导语中经常运用的形式就是概括性导语。概括性导语将语言进行高度性概括，把新闻中最为新鲜、重要以及有趣的事实，用极为精简的方式告诉众多读者，以便于吸引众多读者的目光和注意力，更好地引导读者进行阅读，并且在最短的时间抓住新闻的要领。

集中叙述新闻中的主要事实情节，直接将新闻的重点引导出来就是事实性导语。汉语新闻大多数运用断句和动词，句意比较松散，英语和汉语相比则恰恰相反，多运用长句和名词、介词，句意比较紧凑。译者在翻译此类句子的时候，可以通过拆分法来进行，简单来说就是按照原文的顺序来进行拆分，并且充分按照相关意思组合成几个意群组，将没有实际意义的连词去掉，最终按照汉语的表达习惯自然排列和调整。

### 4. 延缓性导语的翻译

延缓性导语即导语不直接体现新闻主题，以生动新颖的表现形式吸引读者，进而展现新闻的要旨和核心事件。它采取一种带有文学色彩的写作手法，使导语更生动，激发读者的阅读兴趣。

### 5. 引语性导语的翻译

引语性导语通常分为完整引语性导语和部分引语性导语。引语性的新闻导语要严格引用直接引语，一般引用新闻里关键人物的谈话来证明新闻的真实可靠，提高新闻的准确性和信任度。在翻译引语时要注意"话外境"，注意用词的直接性、准确性、恰当性。

## （三）新闻语体正文的翻译

1. 注意区分主次信息，调整句子结构

区分主次信息，调整句子结构是英译汉的主要手段。具体体现在以下几个方面。

（1）用介词短语作状语传递次要信息

例文：我们要努力加强宏观经济调控，把握其预见性，集中精力解决经济运行中的主要问题。

译文：We must work hard to make macro-economic regulation and control moreproactive, responsive and effective, with focus on resolving major problems effectingeconomic performance.

例子中有两个小句，其中第二个小句是主要信息，第一个小句是细节内容，是次要信息。译文将其改译成一个句子，主要信息被用来作为句子的主干结构，其他是次要信息，因此将"with"引导的介词短语结构穿插到句子中作状语，使译文句子结构紧凑，表达地道。

（2）用定语从句传递次要信息

例文：文化特色和个性是历史文化名城独特和珍贵的标志，历史文化名城间的文化交流与合作将大大地促进城市文化可持续发展和繁荣。

译文：Cultural exchanges among famous historical and cultural cities, whose respective cultural features and individuality are their unique and invaluable symbols, greatly contribute to the sustainable development and prosperity of their culture.

上例中用"whose respective cultural features and individuality are their unique and invaluable symbols"这一定语从句来传递"文化特色和个性是历史文化名城独特和珍贵的标志"这一次要信息。

2. 适当调整语序

在英译汉的过程中，常常可以调整句子的语序，通常有以下几种情况。

（1）调整同位语的位置

例文：Dilicious smell and succulent dishes were matched in brilliance by the Queen's costume, a heavy pink silk crepe dress, embroidered with clusters of peonies-China's national flower-in rose pink jewels, pearls and crystal.

译文：女王身着粉红色丝质连衣裙，裙子上是中国国花牡丹的刺绣图案，一簇簇牡丹花盛开在玫瑰红的宝石、珍珠和水晶之中。华丽的衣裙和丰盛的美食可谓相得益彰。

译文把同位语 "China's national flower" 提前，将它处理成定语，修饰名词牡丹。此外，译文对其他句子成分的顺序也进行了较大的调整。在译文中，原文 "the Queen's costume" 的同位语被处理成一个独立的句子，由原文的句末迁移至译文的开端。

（2）调整定语的位置

例文：This was an intelligently organized and fervent meeting in a packed Town Hall, with Mr. Strong in the chair.

译文：这是一场组织精心、热情洋溢的会议，在一个热烈的市政厅里，斯特朗先生是主持会议的人。

如果将原文进行直译"这是一场组织精心、热情洋溢的会议，市政厅很拥挤，斯特朗先生是主席"是不恰当的。原文是倾向褒扬的态度，因此"市政厅很拥挤"的翻译不妥，上述译文更为恰当。

### （四）正确处理 "said"

"said" 一词直接、客观，没有感情色彩，能比较准确地反映说话人的意思。在引语较多的英文新闻稿中，"said" 很常见。

一般在直译与"说"有关的字词时，把英文 "said" 直接译成"说"字。如果是中译英，原文可能使用不同的表达方式，如"指出""表示"等，翻译时一般也可改译为 "said"。

### （五）切实把握褒贬界限

译者要充分依据上文和下文的一系列情境，以及相关背景知识来翻译词句，尤其是对于英文新闻稿件中的部分中性词语，因为没有感情色彩，所以译者要充分依据稿件中的语境来进行翻译，如 "ambition" 就具有"雄心"和"野心"两种完全不相同的意思。

### （六）切勿滥用"被"字

在汉语中，被动语态几乎很少使用，即使使用被动语态也往往不用标示词"被"字。在英语中，经常使用被动语态。

如果表达一个人被人打了一顿，中文常说"他挨打了"。中国学生在学习翻译时，由于经验与水平有限，往往一见被动便用"被"字，结果是译出的句子非常别扭。

例文：The Chinese Table Tennis Team also visited a Manhattan public school, delightingthe pupils and being delighted by them.

原译：曼哈顿的一所公立学校被来自中国的乒乓球队访问了，使学生很欣喜，队员也被学生弄得很快乐。

上面的翻译虽然看起来并没有翻译错误，但是从表达习惯来说，很不符合汉语的表达习惯，并且被动句显得很生硬，似乎他们在遭受某种折磨，不是感到快乐。实际上，原文表达的是队员和学生之间的快乐是相互的，双方都乐在其中。因此，上述译文可改为"来自中国的乒乓球队还访问了曼哈顿的公立学校，队员感到特别高兴，学生也因为这次会见感到欣喜"。

大部分的"被"字在英语新闻翻译中可以不用翻译出来，译者在翻译英语新闻稿件的时候可将"被"字删除，使译文变得更加通顺和连贯。需要注意的是，并不是所有情况都不可以用"被"字，要结合具体情况来判断。

# 第二节　文学语体的翻译实践

## 一、文学语体的分类

文学作为一个比较抽象的概念，很难对其进行准确的归纳和定义，文学理论家对文学有着不同的见解，这也就导致了不同的文学理论家对其概念有着不同的归纳和定义。很多优秀的作者会通过优美的文字表达思想感情，同时更加生动地塑造艺术形象，使作品更具感染力和渲染力。文学是语言的艺术，其主要有四种体载，一是小说，二是散文，三是诗歌，四是戏剧。

小说作为文学体裁之一，核心就是刻画和塑造人物形象，并且通过一系列有趣的故事情节，以及对环境的勾勒和描绘将实际社会生活真实地反映出来。

诗歌作为主情的文学体裁，通过抒情的方式反映真实的社会生活。创作者借助丰富的想象和独特优美的语言文字，充分地抒发思想感情。

散文是将小说、诗歌和戏剧这三种文学体裁，充分结合在一起的文学体裁，并且有着广义和狭义之分。其中，广义的散文指的是除诗歌、小说和戏剧以外的所有具有文学性的散行文章。除以议论和抒情为主的散文，还包括随笔杂文、回忆录、报告文学等文体。随着写作学科的发展，许多文体自立门户，散文的范围日益缩小。狭义的散文指的是文艺性散文，它是一种以记叙或抒情为主，取材广泛、笔法灵活、篇幅短小、情文并茂的文学样式。

译者在翻译文学体裁的时候，除了需要最大限度地还原文学作品的风格，也要尽最大可能还原作品原来的语言特色。由此，我们可以看出来，对文学文体翻译的过程，是语言艺术的二次创造。

## 二、文学语体的特点

### （一）用词生动、优美，修辞丰富

大多数情况下，创作者在进行文学作品创作的过程中用词都比较生动和优美。虽然某些文学作品中的内容由于具有纪实的特点和揭示现实的目的，语言文字不能算得上优美，但也称得上生动。而灵活运用修辞手法正是文学作品达到语言优美、生动的一个手段。众多优秀的作家和诗人正是因为灵活运用修辞手法，才可以尽情畅抒，真正地表现世间百态。

### （二）语言含义丰富

实用文体，如科技文体、公文文体等，为了达到写作的目的，在语言表达上有着较高的要求，要求做到精准和准确地表达，使读者在阅读的时候避免出现歧义，所以在这些实用文体中一句话就只有一个极为明确的含义。

文学作品和实用文体相比较，在语言表达上更丰富，通常一句话包含了两种或者多种含义，从而使读者在阅读这些文学作品的时候被吸引，通过反复地阅读和品味其中的含义，获得全新的发现。

## 三、小说的翻译

### （一）小说简述

#### 1. 小说的定义

众所周知，小说以塑造艺术形象为中心任务，以叙述和描写为表现形式，在讲述和描绘故事情节的过程中，多方位、多层面表现社会生活的真实面貌。

其中，小说中的艺术形象包括三个方面，一是人物形象，二是动物形象，三是景物形象，人物形象是小说的核心。小说中经常使用叙述和描写等手段，但是并不意味着不使用抒情、议论等表达方式，叙述和描写只是创作小说过程中最基本和最根本的手段。大多数情况下，小说讲述的是一个相对比较完整的故事，虽然现代小说常常会出现时空跳跃的情节，并且将这些相对比较完整的故事情节，划分为比较零碎的片段，但无论怎样划分小说的情节，都必须保持连续以及表述的一致性，将故事情节生动、形象地表现出来，同时需要注意不能和抽象的哲学混同。

### 2. 小说的分类

（1）长篇小说

通常情况下，长篇小说的字数非常多，可以达到 10 万字。它反映的事情很多，内容很丰富。判断一篇长篇小说是否成功的关键，在于长篇小说是否可以成功塑造主要的相关人物，以及是否可以成功塑造非常多的典型人物。

长篇小说的故事情节和生活环境非常复杂，并且都有相对特定的社会环境，这些特定的社会环境是由极为复杂的人际关系构成的。长篇小说常因为全面、深刻地反映社会实际生活而被称为"史诗"，在文学领域有着极高的地位。

（2）中篇小说

中篇小说和长篇小说相比，字数会比较少，大多在 3 万字到 10 万字之间。在创作中篇小说的时候只是围绕小说中的某一个关键人物展开，和长篇小说相比没有那么多层面。

中篇小说不仅可以描写有一定历史长度的纵断面生活，还可以多角度描写某一个典型形象的性格系统，也可以全方位地叙述某一关键人物的命运。由此，我们也可以进一步看出来，中篇小说有着"全景式"和"大容量"的特点。中篇小说和长篇小说相比较，可以精练、单纯地概括复杂的纵断面生活。中篇小说中的人物关系虽然不一定复杂，但是可以充分集中地展示人物和人物之间的内心冲突和矛盾。

（3）短篇小说

短篇小说的字数大多数在两千字到三万字之间。它通过描写社会生活中有着典型意义的横断面，真实地反映实际的社会生活。短篇小说通常采用集中描写的方式来塑造人物。

（4）微型小说

微型小说无论是容量、篇幅，还是情节、人物都非常少，同时字数大多数也在两千字以内，甚至还有几十字或者几百字的。

微型小说字数不多，但含义比较深刻，能够使读者在阅读的时候产生无限的想象，为读者留有巨大的想象空间。微型小说的取材大多来自生活中的小事，同时在创作的过程中还会渗透哲理，常采用幽默、夸张等手段，从而使人的内心产生很大的震动。

## （二）小说的语言特点

### 1.形象与象征

小说一般通过意象、象征等手法形象地表达情感或表明观点，不是用抽象的议论或直述其事来表达。通常使用形象的语言具体地描绘场景、事件及人物，使读者有身临其境之感。小说对人物、事物会做具体的描述，其使用的语言一般以具象体现抽象，用有形表现无形，使读者渐渐受到感染。

小说中经常采用象征的手法。象征并不明确或绝对代表某一思想和观点，而是用启发、暗示的方式激发读者想象，其语言特点是以有限的语言表达丰富的言外之意和弦外之音。

### 2.讽刺与幽默

讽刺，即字面意思与隐含意思相互对立。善意的讽刺一般能达到诙谐幽默的效果。讽刺对语篇的道德、伦理等教育意义有强化作用。幽默对增强语篇的趣味性有着重要作用。讽刺和幽默的功能虽然差异很大，但将二者结合起来将会获得意想不到的效果。讽刺和幽默的效果一般要通过语气、音调、语义、句法等手段来实现。小说语言的讽刺和幽默效果的表现形式有很多，它们是表现作品思想内容的重要技巧，更是构成小说语言风格的重要因素。

### 3.词汇与句式

词汇的准确选用以及句式的巧妙安排，是作者在小说语言中用于揭示主题的重要手段，同时也是追求某种艺术效果的重要手段。需要注意的是，小说语言中的词汇在叙述方面和引语方面的特点是不同的。在叙述方面，词汇的使用比较正式和文雅，有着很强的书卷气息。引语大多数来自对话，和一般的对话相比又有一定的不同，具有文学审美价值和审美意义。小说在使用引语的时候应该舍弃一般对话中的词汇以及语法特点。

小说语言中的句式有对称、排比等，大多数情况下，句式的不同可以对小说的艺术效果产生不同的影响，因此作者在创作的时候想要表达不同的意图，就需要通过运用不同的句式来实现。

### 4. 叙述视角

通俗地说，小说就是讲故事，所以语言是一种叙述故事的语言。传统的小说特别注重小说的内容，关注讲的故事是什么，重点研究故事的要素，包括情节、人物和环境。现代小说则更在意如何讲述故事，将原来的研究重点转向了小说的叙述规则、方法及话语结构、特点上。通常，小说可以用第一人称和第三人称的形式展开叙述。传统的小说通常采用两种叙述视角：一是作者无所不知地叙述；二是自传体，即用第一人称的方式进行叙述。现代小说则变成叙述描写从作品中某一人物的角度出发。总之，叙述视角不同，最后所获得的审美艺术效果也大为不同。

## （三）小说翻译的基本方法

### 1. 人物塑造与翻译

小说特别注重对人物的刻画。小说通常会塑造性格不同、栩栩如生的人物形象，如英勇伟岸的时代豪杰、平庸无奇的市井小人、浓施粉黛的大家闺秀、秀色可餐的小家碧玉等。这些人物形象一方面对读者具有启发作用，另一方面可以将读者带入特定的境界中，获得丰富的审美体验。在塑造类型各异的人物时，作家往往会使用各种风格的语言，以此来展现小说人物的精神状态，揭示其内心世界。译者在对各种不同的小说人物进行翻译时应对此给予关注。

众所周知，英语和汉语属于两种完全不相同的语言体系，我国的文化传统和西方的文化传统相比有着巨大的差异，在此影响下，我国人民的思维模式和西方人的思维模式也有着很大的不同。由此，我们可以看出来，想要用完全不相同的语言将另一种语言进行创造，再现语言的艺术品，是一件比较困难的事情。因此，出现了译入语中对小说当中的相关人物形象的重塑，应该充分按照对等原则。其中美国语言学家奈达提出的"动态对等"的翻译标准，简单来说就是源语和译入语，两者之间最贴切和自然的对等，核心就是译者在翻译的时候从译入语当中寻找出最为合适和恰当的表达手段，在表达信息的时候通过最自然和贴切的方式，把原作的对等信息展现出来。

### 2. 小说修辞的翻译

小说的审美价值很大一部分体现在"小说修辞"中。所谓"小说修辞"，是指"隐含作家"用来控制读者的技巧，这一技巧具体来讲就是作者叙事的技巧。"叙事"正是叙事学中最基本的概念，小说的本质特性就是叙事，即采用一种特定的言语表达方式来表达一个故事。小说离不开叙事，叙事是小说的灵魂。小说作为文学作品的一大题材形式，是散文叙事艺术的集大成者，所有文学翻译的准则无疑都适用于小说翻译。

俄罗斯翻译理论家提出，按照原作的功能目的，翻译可分为"文艺翻译"和"非文艺翻译"（信息翻译）。之所以将文艺作品和其他言语产品对立，是因为它具有文艺美学功能，在其他言语产品的翻译中占第一位的则是信息功能。

译者在翻译小说的过程中，想要真正实现文艺美学功能的等值，需要充分按照小说叙事的本质特性，同时充分了解原文作者的叙事技巧和创作手法，只有这样才可以将原作中的叙事类型准确地再现给读者。大多数情况下，作者的叙事技巧主要体现在以下两个方面。

①作者在创作小说的时候，对叙述结构的具体安排。

②叙述话语。作者在讲述某一特定事件的时候，运用口头或者笔头的形式来表现。

译者在翻译小说的时候，叙述的话语层从某种情况而言可以对翻译产生非常直接的影响。因为作者在创作小说的时候，无论是塑造人物还是反映真实的社会生活，都是通过叙述话语来进行的。作者在创作过程中运用的语言手段和方法，对译者来说均是创造性再现的对象。故事在一定程度上独立于创作者的写作风格，虽然同样的故事可以用各种不相同的风格来进行表达，但是追求故事层上的对等是完全不够的。

文学作品中语言手段的功能在很大程度上与作者的个人风格有关。一部成功的小说除了情节故事外，必定还有作者匠心独运的表达手法。在文学翻译过程中，唯有译者充分意识到这一点，并采取适当的手段进行传达，译作才能保持原作的韵味和艺术性。作者的叙述话语是完全融合在叙事类型中的。那什么是叙事类型呢？这是指由某种观点（作者、讲述者或人物的观点）组织起来的结构统一体，它有各种现实存在形式，具有自身的功能。

小说中经常可以看到多种多样的修辞手段，对这类修辞手段进行翻译，译者需要结合上下文以及背景知识，选取合理的表达手法将原文翻译出来。

3. 小说文体的翻译

文学文体学作为文艺理论学科，对文学文体的分析和探讨，从某种程度而言是通过对文学文体的分析进行的。

文学文体学对文学文本的分析，除了分析语音、词汇等作品话语体式，同时也分析文本整体的结构方式,如对诗歌段落的准确布置等开展深入的研究和分析。文学文体学在文体分析的基础上,不仅将社会文化内容巧妙地融入作品的文体分析中,还有效地兼顾创作者的个性心理以及创作者的文体意识等众多因素。

通过文学文体学的方法研究和探讨近代翻译小说时,第一个需要重点关注的就是它的话语体式。文言、浅近文言和白话是近代翻译小说在话语体式上最为明显的三个特点,并且经历了从"雅"到"俗"的发展过程,简单来说就是从文言不断向着白话转变的过程。

小说是叙事的艺术,其主要的语言表达方式和功能就是叙事,所以小说文本的结构方式在这个意义上可以看作小说叙事语言的组织方式,也就是小说的叙事方式。叙事学对叙事方式的分析可以有各种各样的理论模式,考虑到近代翻译小说文体的实际发展过程,陈平原在《中国小说叙事模式的转变》一书中提出研究模式,他将中国小说叙事模式分为三个层次,即叙事时间、叙事角度、叙事结构。其中,叙事时间是作家处理的体现在小说中的时间;叙事角度是叙事者叙述故事的视角;叙事结构指作家创作时在情节、性格、背景三要素中选择何种为结构中心。

翻译小说作为话语体式以及相关结构方式,其文体的文化阐述主要涉及以下三个方面。

第一,译文作为再创作的优秀产物,是译者在原文文体的基础上得到的,译文的形成和译者的文化心态有着一定的关系,也和译者翻译的态度有着紧密的联系。

第二,翻译小说作为产物,虽然是译者创造了翻译小说的文体,但是从实际情况来看和接受者有着一定的关系,原因在于文体的接受需要引入读者,只有这样才可以真正地完成文学之间的相互交流。

第三,基本上翻译小说文体的创造以及接受,是在相对的历史文化环境中进行的,简单来说就是在特定的翻译场之中来有效进行的。

与此同时,译者除了把握英文小说的文体特征,同时也要了解翻译的相关理论和方法,只用这样,才有可能将小说翻译好。

①众所周知,小说基本上是真实地反映社会现实的,所以译者翻译小说的前提是具备较宽的知识面,同时了解英语和汉语的民族社会文化知识,如政治、历史等,这在一定程度上对译者进一步准确理解原著有着十分重要的作用。

②译者在翻译的时候除了熟悉译入语,同时也要有着很强的母语表达能力。此外译者需要在遣词造句上努力,熟练运用翻译技巧,以便于在翻译的时候充分保证行文的连贯和流畅。

### 4. 小说风格的翻译

读者在阅读小说时可以发现，有的小说语言简单，有的语言则幽默，不同的语言特点其实源于小说家写作风格的不同。另外，小说的风格还会通过小说的主题、人物形象、故事情节、创作方法等表现出来。

关于风格，词典上提供的释义是具有某一团体、时期、个人或性格特征的，在写作或讲话中为达到清晰、有效以及悦耳目的的，通过选择和安排适当的词语来表达思想的方式。因此，风格的含义既是作品所特有的艺术格调，还是通过将内容与形式结合而体现出来的思想倾向。

在大多数情况下，译文的读者不会直接和原作有所接触，但读者依然希望可以领略到作品的内涵。译者在翻译的过程中，即便无法做到风格统一，也应该最大限度地减少和避免自身风格的影响，从而充分保留艺术效果。

这就需要译者准确传达原文的思想内容，充分地再现原文的风格。译者除了需要全面了解创作者的创作个性，还要了解创作者创作的意图和方法。译者只有对这些问题有了全面的了解和掌握之后，才有可能真实地还原和再现原文的艺术效果。

### 5. 小说语境的翻译

语境，即语言环境，是指用语言进行交际的具体场合。小说的语境均是特定语言创设的语境，而语境的翻译要比语义翻译更加困难。

语境在很大程度上影响着译者对原文的理解。在进行翻译实践的过程中，译者了解作为符号的语言与具体语境之间的关系对于信息的正确传递具有重要的影响。如果译者忽视了语境的作用，则很难忠实于原文的风格进行翻译，同时无法准确传递出原文信息。英汉两种语言具有很大的差异性，因此想要取得完全相同的表达效果是不可能的。在小说翻译中，译者需要在运用自身的语言知识的基础上重视语境对文章表达的影响，从而在很大程度上还原原文的信息。

众所周知，小说是在各种语境中生成意义的，此种语境可能涵盖很多方面，如政治、经济等。这些语境看起来没有一定的关联和联系，却可以构造出作品的框架，以及将作者的思想进一步展现出来。

也正是因为如此，译者在翻译小说的时候，除了要转换语言之外，也要对小说的文化语境进行深入的分析和探讨。译者只有在翻译的时候使用非常恰当的词语以及准确的表达方式，才可以真正将原文的意境精准地翻译出来。

## 四、诗歌的翻译

### （一）诗歌简述

诗歌属于文学艺术形式之一，作为传统文学形式其发展历史悠久。其中，诗歌艺术的繁荣从某种意义上来说，也代表着文学艺术的繁荣。

人们在面对生与死的时候，可以借助诗歌感叹；在面对情与爱的时候，可以借助诗歌抒发。小至日常事物大至宇宙均可以通过诗歌来表达。

### （二）诗歌的语言特点

与其他文学体裁相比，诗歌具有独特的语言特点，具体体现为节奏明快、音韵和谐、结构独特、意象丰富。下面分别予以详细的论述。

1. 节奏明快

诗歌十分讲究节奏，没有节奏不成诗歌。诗歌的节奏体现在有规律的音节停顿和音调的轻重变化上。

英语诗歌包括格律诗与无韵诗。这两类诗歌都体现出节奏明快的特点。在英语诗歌中，格律诗的节奏感最强。格律诗可分为诗节，诗节又可分为诗行，诗行又可细分为若干音步。

在诗歌中常见的音步有四种，一是抑扬格，二是扬抑格，三是扬抑抑格，四是抑抑扬格。在英语的诗歌中，虽然每一行的音步数都不相同，但是主要有八种类型，也就是一音步、二音步，三音步……八音步。若英语诗歌运用了扬抑格，并且每一行诗句都包含有两个音步，那么就被称为"两步扬抑格"。

无韵诗虽然不那么讲究押韵，但是从节奏上来看也非常鲜明和明快，通常都是以抑扬格五步音为一行，如莎士比亚的诗歌就是非常典型的代表。

由此，我们可以看出来，节奏能够让诗歌变得更加优美动听，同时也能够让诗歌变得更加具有表现力和渲染力。

2. 音韵和谐

我们都知道，诗歌和其他文学形式相比具有押韵的特点。英语诗歌的押韵主要指的是在语流中重复相同的因素，从而产生共鸣和呼应。大多数情况下，押韵不仅能让诗歌变得更加优美和谐，同时也可以让读者读起来朗朗上口。

按照音韵在诗行中所处的位置，押韵分为两部分，一是尾韵，二是行内韵。

①尾韵主要是在诗行最后一个重读音节上押韵。

②行内韵主要是在诗行中间停顿处的重读音节与该行最后一个重读音节上押韵。

从押韵音节的角度来说，分为单韵、双韵、三重韵。

①单韵主要指的是押韵的音仅仅在诗行中重读的末尾音节，单韵的韵体大多强劲有力。

②双韵主要指的是押韵于两个相互连接的音节上，并且后面一个音节是非重读音节，双韵的韵体大多较轻柔。

③三重韵主要指的是押韵于两个相互连接的音节上。大多数在表达幽默以及讽刺意味的时候会使用三重韵。

3. 结构独特

诗歌具有独特的结构形式，这是区别于其他文学艺术的显著特征。英语诗歌除了散文诗之外都需要分行，且通常有字数的规定。因此，为了在有效的篇幅中表现极其丰富的内容，诗歌通常打破日常的理性逻辑，以想象的逻辑与情感的逻辑为依据。受想象与情感线索的引导，诗歌经常由过去跳跃到未来，或由此地跳跃到彼地，不受时间与空间的限制，这既有利于传递诗歌的意义，也有利于拓展诗歌的审美空间。

此外，英语对音步与格律的严格要求也体现了其结构的独特性。例如，商籁体诗歌"Shall I compare thee to a Summer's day"，行数固定，格式也固定，同时其韵脚也是固定的。

汉语是意合语言，并没有语法形态的变化，不会因为性别、人物、时间等而发生改变。因此，汉语的词法、句法性质要比英语灵活得多，非常适合诗词创作。汉语的意合结构在句法形态上似乎不够精确，却为诗歌创作打开了方便之门，使诗人摆脱了束缚，冲破了语法桎梏，创作出灵动、跳跃的诗作。

4. 意象丰富

意象指的是可以引起人的感官反应的具体形象和画面。抽象的情感表达通常难以引起读者的共鸣，诉诸具象、经验的情感表述则一般可以使读者感同身受，留下深刻的印象，因此诗人表情达意时经常诉诸意象。

在诗歌中意象有多种，不同的意象可以引导读者从不同角度来感受并体会意象在诗作中所表现的内涵。

从存在形态的角度来看，意象主要分为两种，一是动态意象，二是静态意象。前者通常具有叙述性，后者通常具有描述性。

从心理学层面来看，意象包含很多种，如视觉、触觉、联想等诸多意象。

从具体层次的角度来说，意象分为两种，一是总称意象，二是特称意象。前者不仅具有交往的概括性，也具有交往的含糊性，同时无论是在语义方面，还是在空间方面都有着巨大的张力；后者主要指的是具体、详细的事物。

由此，我们可以看出来，优秀的诗歌作品通常都有着丰富的意象，可以唤起人们的某种体验和感受。

## （三）诗歌的翻译方法

### 1. 形式性翻译法

诗歌的思想内容与形式关系紧密，诗人要想更好地表达自己的思想感情，应选用恰当的诗歌形式。在对诗歌进行翻译时，译者可以采取形式性翻译法，尽可能采取与原诗相同或相近的形式，保留原文的韵味。形式性翻译法注重译文形式完全忠实于原文，追求译文的学术价值，通常会避免外来成分（如社会、哲学、历史、文化成分等）的介入。

运用形式性翻译法时应做到以下两点。

①充分保存原诗的诗体形式。诗体形式主要有两种形式，即定型形式和非定型形式。定型形式对字数、行数等有着较为严格的要求，从某种程度而言能够充分展现民族文化特点。非定型形式展现的具体外在形式表征诗情的流动，同时也表征诗情的凝定。从这一层面来看，应该在翻译原文的时候，除了需要把原文的文学特性传递出来之外，还要把原文的诗学表现功能传递出来。

②充分保持诗歌分行的艺术形式。各种不同的诗行形式演绎着不同的诗情流动路径，同时将创作者不同的表情意图充分地展现出来。除此之外，译者在翻译的过程中，应该充分考虑和思考诗歌分行产生的形式美学意味。

需要注意的是，因为汉语诗歌和英语诗歌在形式方面有着较大的区别，译者在翻译的时候不可能做到和原诗形式一模一样，所以译者在翻译的实践中，做出适当的改变也是必要的。也正是因为如此，译者在实际翻译的过程中，很少会使用形式性翻译法。

### 2. 阐释性翻译法

在翻译诗歌时，阐释性翻译是一种常用的翻译方法。运用阐释性翻译法时，除了要保持原诗的形式之外，还强调对原诗意境美与音韵美的保留。

在意境美方面，要求译诗与原诗一样可以打动读者。意境美的传达通常涉及以下几点。

①再现原诗的物境，即诗作中出现的人、物、景、事。

②保持与原诗相同的情境，即诗人所传递的情感。

③体现原诗的意境，即原诗歌诗人的思想、意志、情趣。

④保证译入语读者可以得到和原文读者一样的象境，简单来说就是读者在阅读的时候可以充分依据诗作的"实境"，在头脑中展开非常丰富的想象。

从音韵美的角度来看，译者在翻译的时候，除了要忠实地传递原作的音韵和节奏之外，同时也要充分地展现格律等美感，保证翻译的译文具有节奏感，同时使得译文押韵和动听。

### 3. 调整性翻译法

调整性翻译法是在直译的基础上对结构进行一定的调整，从而准确地传递原文的思想，同时符合译入语的表达习惯。调整性翻译法是介于形式性翻译法与阐释性翻译法之间的一种方法。

### 4. 模仿性翻译法

译者在翻译的时候从原文原始的形式以及思想出发，充分使用译入语对原诗进行二次创作，被称为模仿性翻译。此种诗歌翻译方法严格来说并不算是一种翻译。

读者在阅读此类作品的时候，和原文相比较更喜欢译文。因为模仿性翻译法对译者有着较高的要求，所以译者在实际翻译的时候很少使用此种翻译方法。

## 五、散文的翻译

### （一）散文的定义

散文作为一种比较独特的文体概念，有广义和狭义之分。其中，广义的散文是相对于韵文来说的，主要指的是除韵文以外的所有文体。狭义的散文指的是抒发情感、发表议论，以及写人记事的文章，和小说相比在语言方面较类似，在其他方面有着较大的差别。比如小说大多是虚构出来的，而散文大多取材于社会生活，这是两者最主要的区别。

由于散文的内涵及外延都在持续地变化，人们无论是对散文的认识，还是对散文的理解都在随之变化，最终使得散文文体的概念有着不确定性。

基于上述原因，人们对散文概念的研究只能集中在狭义层面上。综合诸多专家的观点，结合当前的实际情况，我们可以得出散文是一种能充分利用各种题材，创造性地运用各种文学的、艺术的表现手段，自由地展现主体个性风格，以抒情写意、广泛地反映社会生活为主要目的的文学文体。

## （二）散文的语言特点

### 1. 简练、畅达

"简练是中文的最大特色，也是中国文人的最大束缚。"简练的散文语言既可以充分传达作者所要表达的内容，又能高效地传达作者对人、物的情感与态度。这不是作者专心雕刻的结果，是作者朴实、真实情感的自然流露。

畅达的散文语言既指作者措辞用语挥洒自如，又指其情感表达得自由自在。散文家林非在讨论散文语言的特点时提出："如果认为它也需要高度的艺术技巧的话，那主要是指必须花费毕生艰巨的精力，做到纯熟地掌握一种清澈流畅而又蕴藏着感情浓度和思想力度的语言。"

总之，散文语言的简练和畅达是相辅相成的，它们是构成散文语言艺术的重要生命线。

### 2. 口语化、文采化

散文作者在展示说话风格以及个性的时候，会充分依据作者讲话的姿态、声音等，更好地向读者倾诉。由此，我们可以看出来，散文在口语化方面和其他文体相比较更为浓重，它的口语化特征并不是指散文失去了相应的文采，或者不注重和讲究文采，而是有着"至巧近拙"的独特的文采。

### 3. 节奏整齐、顺畅

我们都知道，散文有着较强的节奏感。与此同时，句式的整散交错以及长句、短句的相互结合是散文节奏整齐的主要表现方式。因为散文在节奏感上较为整齐，所以读者在阅读的时候会感觉非常顺畅和连贯，抑扬顿挫，朗朗上口。

## （三）散文的翻译方法

散文的翻译，顾名思义，就是将散文翻译成不同文字的文本。想要再现原文的风格，就要识别原文的风格特征，领悟原文的精神风貌、行文和神韵等。再现原散文的韵味不能仅局限在文字层面，还涉及原文所表现的精神追求和艺术追求。

### 1. 真实再现散文的意义

散文的核心在于传情达意、状物叙事和说理真切、直接，故准确再现散文之意是散文翻译的前提，这要求译文在意义、形式、趣味、格调等方面力求与原文等质等量。要做到这一点，首先需要对散文进行充分、细致的解读。对散文的解读不仅要落实到单个字词的意义、语音、拼写等微妙的细节上，也要涉及对词语的内涵意义和外延意义、比喻意义和象征意义，句子、语篇的主题意义等的理解。

再现散文之意要兼顾散文的内容和形式，从语言层次上说，译文由微观到宏观，从字、词、句、篇到修辞、逻辑、文体、主题的仔细把握，使用精确、恰当的词句来再现原意；从文化层次上说，译文必须结合原文的社会、历史、文化和文学背景，准确地体现原文的意义。

2.恰当保存散文的形式

散文虽然在选材、形式上非常自由和开放，但并不代表散文不注重和讲究形式，和诗歌、小说相比，散文不太注重音韵格律。散文的美主要体现在意境、情趣以及形式上，如音韵节奏、遣词造句等。译者在翻译原文的过程中，如果忽略了形式，那么原文也就失去了原来的美。

3.消除原文和译文之间的文化差异

众所周知，文化的主要载体就是语言，只有消除文化的隔阂，才能使读者在转换两种语言的时候，消除理解上的隔阂。

需要注意的是，想要完全消除隔阂，并不代表着摒弃所有的文化，而是在翻译的时候要想尽所有办法，最大限度地准确翻译原文。无论是原文的意趣，还是原文的意境均不可以改变，除此之外还需要充分利用注释和说明，将原文的思想完整地传递出来。

# 第三节　公文语体的翻译实践

## 一、公文语体概述

公文主要指的是相关组织，如党政机关、法定团体等，在某一特定的公务中充分依据相关法律条文，以及相关规章制度使用的文化，主要有宣言、通告等。

公文语体指的是公文的语文体式。公文作为一种正式文体，是政府内部、企业以及机构三者之间相互交流的正式信息，除了可以超越时间和空间的限制之外，也可以将活动需要的信息进行及时、有效地传递。公文语体的本质属性就是现实执行性，简单来说就是公文语体的实际现行效用。

## 二、公文语体的特点

首先，为了使公文发布者的立场、观点或者规定得到准确表达，为了使公文执行者和接受者不对公文的理解产生歧义，公文语体的用词一般清晰、准确，力求避免模棱两可的公文，意思表达必须明白易懂，不能影响人们对内容的理解。在这种情况下，人们必须十分清楚什么内容可以写或者什么内容不可以写、国家的政策法规支持什么或者不支持什么。

其次，由于公文的正式性和严肃性，公文语体一般使用正式的书面语体，避免使用俚俗语。为了使公文简洁、明确，公文语体的行文一般比较严谨，句式紧凑，避免使用不必要的修饰语、华丽不易懂的辞藻以及过多的插入语。

最后，标准化和规范化的公文格式，可以使公文有条理和有次序地执行。由此可见，公文语体通常具有比较规范的文体、结构和格式。

## 三、行政公文的翻译

行政公文是公务文书的简称，是人类在管理国家、治理社会的公务实践中使用的具有法定权威和规范格式的应用文，它是十分规范化的语体，具有其他语体所没有的权威性，有法定的制作权限和确定的读者，有特定的行文格式，并有行文规则和管理办法，包括命令、议案、决定、指示、公告、通告、通报、请示、函、会议纪要等形式。

行政公文一般具有固定的格式，用词明晰、确切、简练，一般会用书面语和文书用语，较少使用具有描绘性的语言，也不会用到方言。在使用时需要特别注意运用的要求和规则，准确把握词语的具体意思、感情色彩和语言风格，以正确表达作者的思想观点；注意正确翻译公文中所涉及的公文习语、专业术语及人和事物的特殊用词，以达到译文用语的规范性；注意用词的一致性以及原文格式的保留。

行政公文通常用语正式，行文简洁。在翻译行政公文的时候，译者要仔细研读原文，正确理解并准确表达原文的含义；要再现原文的语言风格，尽量做到用词正式，句式紧凑、简洁，意思表达无歧义；要注意正确理解其中的专用名词、公文专用词语和专业术语，并根据惯用的译法进行翻译；要注意在译文中保留原公文的格式和体例，以反映其原貌。

## 四、商业函电的翻译

### （一）商业信函的翻译

从结构上划分，商业信函主要包含起式、主体部分和结尾三个部分。其中，起式对写信的内容和缘由进行简单的介绍；主体部分主要是信息的传递与交流；结尾主要是提出意见和具体要求。同时，商业信函中也会使用一些固定套语，这些固定套语大多是相沿成习和共同遵守的。

这些固定程式和套语使内行的人一看就能明白商业信函的内容，可以免去许多麻烦，有利于行业内的业务交往。商业信函是一种特殊的文体，每封商业信函都是一种交际事件，既传递实义信息，即写信的真正目的，又有程式化信息，即辅助写信者得体地传达实义信息。因此，商业信函的翻译不仅要准确、完整地传达原文的含义，还要在翻译的时候注意商业信函的文体特点，充分体现商业信函庄重、简洁、明了的特点。译者要恰当地处理其中的固定套语，准确地翻译其中的专业术语，使商业信函在表达清楚的基础上，又不失礼貌、友好，给人一种愉快的感觉，达到真正的交际目的。

面对商业信函表达的意思，译者在翻译的过程中需要精准和准确地翻译，同时也要使译文充分保持原文的结构，表现原文中的语言风格。因为英语和汉语属于完全不相同的文化，所以在客套语的使用上，英语和汉语无论是搭配习惯还是套式都是不相同的。汉语的客套话在英语中不一定有与其相对应的表达方式，为了能够真正达到交际的最终目的，译者在翻译商业信函的过程中需要灵活处理客套话。

### （二）电传的翻译

电传，又称用户电报，是一个新的合成词，是远距离打印交换的编写形式。它通过安装在用户办公室的电传打字机上直接对外接收和发送电报、传递信息。

电传兼具电话和打字机的诸多优点，它可以完整、准确、快速地传达信息。电传这种通信方式效率、精确度非常高，最主要的是价格比电话和电报低。电传计费以三分钟起算，不足三分钟按三分钟收费，超过三分钟以一分钟为单位收费，每分钟大概可以发 400 个字码。因此，当电文内容不多时，英文电传可以不使用电传缩略语，按照常规书信的格式来书写，但是有时为了提高效率，节省时间和经费，英文电传中也使用大量的缩略语，除使用国际电报的简化规则和常用的缩略语外，英文电传还经常采用几个字母来代替整个词或短语。例如，用词首的几个字母代替整个词，如 above-ABV、agree-AG；或者用单词中的辅音字母代替整个词，如 reply-RPL、sample-SMP；有时还用与一个词近似的发音代替这个词，如 are-R、week-WK。译者在翻译电传的时候要注意这些特点，使用通用、容易被对方理解的缩略语，以免造成误解。电传的英汉互译可以参照电报的英汉互译来进行。

# 第四节 广告语体的翻译实践

## 一、广告的概念

广告的针对对象是所有人，是指能够让大多数人都知道的公告。广告的英文是"advertise"，这一个词源于拉丁语的"advertere"，主要指的是通过引起大众的注意而将其向某个方向上进行诱导的手段。现阶段，几乎所有的学者对于广告的定义阐述都有着一定程度上的区别。其中，《辞海》认为广告就是一种宣传方式，其主要功能就是向大众介绍商品、娱乐产品或其他内容。这一定义主要包含两个方面：一是认为广告是一种宣传活动，其主要功能就是让大众对其中的内容有一定程度的了解；二是认为广告的宣传需要借助媒介。除此之外，美国市场营销协会也对广告有着自己的定义且极具代表性，其认为广告就是相关人员通过付费的方式，在各大传播媒体上对自身的产品、服务等进行宣传推广。这一定义说明了广告本身具有信息传播的作用，使得观看广告的人能够根据广告中的信息做出相关反应，广告本身也能对其中宣传的商品进行一定程度的粉饰。

## 二、广告语体的构成

### （一）标题

广告标题直接反映出主题，一般有两种形式，分别是短文与短句，这是广告的核心。在进行广告印刷的时候，要特别注意广告标题，这一点是重中之重，要将其印刷在最为醒目的位置。一般而言，标题主要有以下三种形式。

1. 直接标题

将商品的制造厂商与商品的名字作为标题的就是直接标题，这是最简单的一种标题形式，如"老北京布鞋""燕京啤酒"等。除此之外，还有一种标题的形式也很简单、直接，就是将商品的名称、功能、特征等要素直接显示在广告中，如"风驰天下，大运摩托"等。还有一些商家会对广告进行一定程度的特殊处理以保证广告内容更加吸引消费者的关注，如通过一些特殊的句式吸引注意等。

例1：Learn English！

例2：Quickly！

该标题运用祈使句，属感叹语气，并且在字体和格式上都有特殊设置，非常醒目、直接。

2.间接标题

间接标题不直接把产品信息展现给消费者，而是隐含在标题内，采用委婉含蓄、迂回曲折的内容引起消费者的注意，诸如此类的标题语言非常值得琢磨，耐人寻味，具有艺术气息，如"吃出来的美丽"（某养生食品广告标题）。再比如下面的例子。

例1：Saturday night on Sunday morning.

标题结构上的安排比较独特，与平日里见到的广告大不相同，更加容易引起消费者的注意，让消费者在满怀好奇的情境下深入地了解广告的具体内容。这个广告是为录像机设计的，消费者可以把星期六的精彩瞬间、片段记录下来，星期日再重放，回味快乐的时光。这个标题不仅新颖，还对产品宣传起到了非常好的作用。

3.复合标题

复合标题融合了直接标题和间接标题的特性，不仅说明了商品的特性，还对标题进行了艺术化处理，使之更具趣味性。

## （二）正文

正文是广告的主体，在广告中处于中心地位，是对标题的进一步解释和延伸。正文内容可以对商品进行具体详细的说明，包括商品的特性、功效、使用方法、售后保障等，可以进一步促使消费者对商品产生兴趣，从而购买商品。广告正文可以分为以下几种类型：信息型、叙事型、情感型、对话型、独白型、幽默型、诗歌型。

## （三）口号

口号还有"广告语""广告中心词"等称呼。广告口号的作用是用尽量简洁的文字表现产品或者企业的特征和优势，目的是让广告可以持续对消费者产生影响，让产品保持一定的热度，增加销售量。广告口号字数虽然不多，但能表明立意、宣传产品、引发消费者的购买行为，它能维持广告的连续性。一般广告口号都比较短，句式完整流畅，有利于记忆。广告口号的位置不固定，可以根据正文内容灵活设计。

### （四）商标

商品的生产者或是经营者为自己所售卖的商品所做的标记就是商品的商标，这一标记能够有效地将自己的产品或者服务与他人的进行区分。商标的形式多种多样，可以是文字也可以是图形，又或者是两者的结合。商标本身有两个部分，分别是商标牌号与商标的视觉标记。其中商标牌号就是指商标的名字，能够在一定程度上真实地反映出商品的质量，对于大多数消费者来说，在选择商品时首先关注的就是商标牌号。另外，商标的视觉标记指的是商标自身的图案。

## 三、广告语体的特点

### （一）词汇特征

#### 1.使用单音节动词

单音节动词最本质的特征就是简洁明快，在朗读的时候能够实现抑扬顿挫、字正腔圆的效果，这一特点十分适合应用于广告中。所以说，在大多数广告中会使用单音节动词，并且，因为这一类动词本身有着简洁的特征，使其更能被消费者看懂、牢记，在一定程度上有效减少了商家对于广告费用的投入。

例1：Buy 2 get 1 free.

译文：买二赠一。

"buy"与"get"在一起使用具有了鼓动的作用，上例是Dannon牌酸奶的广告，该广告把动词"buy"和"get"放在一起使用，表示"买二赠一"。

#### 2.使用复合词

复合词是广告语体中除单音节动词外经常使用的一类词。复合词即将两个及两个以上的词语按照特定的顺序排列构成新的词组，使其具有新的意义。复合词被广泛地应用于广告语体中，成为广告语体的一大特征。复合词的构词成分多种多样且灵活多变，结构严谨，富有创意。

例1：Evergreen.Round-the-world service.

译文：常青，环球的服务。

在上面这则广告中"Round-the-world"是个复合形容词，用它修饰"service"，显得愉快灵动，清晰简洁。

3. 使用缩略词

缩略词是现代英语中经常使用的一种构词法，把原来词中的部分字母省略不写，保留有表意性的字母，但是不能构成读字的音节。缩略词有很多优点，如可以有效地减少字符数量、降低广告费用以及使广告文案更加简洁。

例1：Where to leave your troubles when you fly JAL.

译文：乘坐日航班机，一路无烦恼。

这是一家日本的航空公司的广告语，"JAL"是"Japan Airlines"的缩写形式。

例2：Is Your Res Really Des ?

这是一则有关房产的广告。标题中的"Res"和"Des"都是缩略语，它们的原型分别是"Residence"和"Desirable"。广告利用了这两个词的前三个字母让整个句子富有节奏美和简洁美，让消费者好奇"Res"和"Des"到底指什么？这就成功体现了广告语言的价值，不仅节省了篇幅，而且减少了广告费用。

4. 使用形容词及其比较级与最高级

为了使自己的产品让更多的人了解并喜欢，广告的设计者会在广告上下足功夫，使用很多修饰性和评价性的形容词，对产品进行加工和美化。广告中经常使用赞美性的形容词及其比较级和最高级来说明产品的优势和功能。常用的词有"new、fine、fresh、real"等。

例1：It's smaller. It's lighter.

这则广告是关于夏普Z-20型复印机的，翻译成汉语是"更小、更轻便"的意思。

5. 创造新词

广告本身有着十分强烈的鼓动作用，很多时候，商家为了获得更好的广告效果，更好地吸引消费者的注意力，会故意在广告中使用生僻词、错词等形式增强广告效应。若从心理学的角度来看，广告本身之所以能够吸引消费者的注意、勾起消费者的兴趣，是因为广告本身的语言新颖，创意与众不同。很多时候，商家会自创一些新词，将其与自家商品的各种特性、优势等进行联系，在吸引消费者注意的同时，更好地方便消费者进行了解，获得新鲜感。

例1：OIC

OIC是美国的一家眼镜公司推出的广告语，这三个字母让人乍一看就像是一副眼镜，在外形上吸引了消费者的注意。同时，OIC和"oh, I see"的读音相近，翻译成汉语就是"哇，我看见了"，巧妙地表达了消费者戴上眼镜后的高兴和激动。

6.借用外来语

随着经济全球化的进程不断加快，进口商品逐渐涉及人们生活的方方面面。中国的很多商品都是从外国进口的，有的即便是在中国生产，也是外国的品牌，具有外国的特色。因此，日常生活中常见的广告经常出现英文或者韩文。

例1：Perrier…with added je ne sais quoi.

这则广告是在推销一款法国软饮料，其中的"je ne sais quoi"对应英文中的"I don't know what"。虽然用词简洁，但是不仅可以说明它具有法国特色，还可以引起读者的注意。消费者都知道法国葡萄酒闻名遐迩，在广告中使用法文，更具有异国风情，从而增加了葡萄酒的附加价值。

## （二）句法特征

1.使用简单句

为了更好地吸引消费者的视觉与听觉，使其能够饱含购买欲望从而优先购买自己的产品，商家需要在广告中使用简单句。相较于简单的广告，较为复杂的广告会使消费者厌烦，这样就很难实现广告的最终目的。所以说，在广告中使用的简单且清晰的口语化句子，能够给消费者留下更加深刻的印象，由此才能更好地激发消费者的消费欲望。

2.使用省略句

广告中常常使用省略句，省略广告中的主语、谓语等，主要是因为英语广告受一些因素的限制，如空间不够、篇幅不够、费用投入不够等。而在广告中使用省略句可以很好地避免这些问题。

3.使用疑问句

在广告中很多时候会使用到疑问句，主要是因为这样的句式能够有效引起消费者的疑问，从而激发其好奇心，进而能够重点关注到广告的内容，实现广告的效果。疑问句能吸引人的注意力的主要原因就是在人们关注到问题之后会不自觉地对其进行思考，有了思考就会产生相应的购买意愿。

4.使用祈使句

祈使句本身就具有相当强的引导性，能够鼓动人参与到某件事情当中，这一特点可以完美地应用到广告当中，使用祈使句的广告不仅能够有效减少其自身所受到的内容与形式等问题的限制，还可以更加有效地实现广告本身的宣传目的。

### 5. 使用并列句

在大多数广告当中使用的是并列平行的句子结构，很少使用较为平常的主从结构。这是因为在广告中使用并列句更具有说服力，其中的内容也更能被消费者理解与接受。

### 6. 少用分离句

现阶段，在广告中很少使用分离句。简单来说，分离句就是使用一些标点符号将广告中出现的句子进行分割，这样不仅能有效节省广告的空间与费用，还能在一定程度上有效增加其中所蕴含的信息量，也更能够吸引消费者的注意力，使其能够更加关注被分离出的部分。

### 7. 少用否定句

广告是通过语言文字向消费者展现产品的多个方面，包括其性能和优势，以此让消费者更加了解产品，产生购买欲望。因此，广告语多从肯定的意义出发进行创造，否定式的结构在广告英语中并不多见。当然，广告语中也并非完全不能使用否定句，只不过使用否定句的目的是强调产品的优点。

## （三）修辞特征

### 1. 比喻

具体来说，比喻就是就将某一个事物比作另一个事物的修辞方式，在广告中十分常见。比喻有着一个显著的特点就是能够生动形象地表达出相关内容，通过营造有趣的氛围吸引消费者的注意，也能够使其心情更加愉快。

（1）明喻

明喻有着显著的特点，就是能够十分明显地发现进行比较的两个事物的本体与喻体。

（2）暗喻

与明喻的形式不同，暗喻本身并不存在修辞中较常出现的较为明显的标志词。暗喻在将两个有联系的事物进行互换之后，在大多数情况下是看不出来的，但是需要注意的是，尽管看不出来还是能够在读的时候感受到其中所应用的艺术手法的，因此能够在一定程度上激发消费者的想象力。

### 2. 排比

具体来说，排比就是将结构相同，意义相似的两个或两个以上的词语或句子进行并列使用，这种做法能够对所表达的内容进行强调。在排比句之间不管是并列还是递进，其本身的目的都是加强所表达的内容的语势，从而使得发布的广告更加容易记忆。

3. 拟人

拟人的修辞手法就是将事物人格化，赋予事物以人的情态、情感。广告语中的拟人修辞就是将产品看成人的某种特征或者动作行为，让被宣传的事物具有感情，使消费者感到亲切。

4. 夸张

通常情况下，事物正常的描述并不会引起别人的注意，但是如果把对客观事物的形容加以扩大或缩小，就会加强语言的表达效果。夸张应用在广告语体中是对他要宣传的产品的优点进行过分地夸大，让消费者愿意购买该产品。这里的夸张不是为了欺骗消费者，也不是宣扬虚假广告，只是一种夸张手法。夸张手法运用得当，可以给消费者留下深刻的印象，突出产品的优点，广告的主题思想也更加明确，从而增强其感染力，达到鼓动效果。

5. 反复

反复就是指在广告中对一些重点的词语或者概念进行一定程度上的重复，由此就能更好地加深消费者对于广告中的产品信息的印象。总的来说，尽管使用这种方式传播广告信息在一定程度上有强迫症的特征，但是不得不说这种方式是一种十分有效的广告宣传方式。

6. 双关

具体来说，双关就是使用一个词来表达多个含义，其本身就是对同形异义词的灵活应用，也是对同音异义词的巧妙应用。使用双关不仅能让句子本身表达出表面的含义，还能通过深入解读获得深层次的含义。在广告语中使用双关这一修辞手法能使广告中的语言更加风趣幽默，从而使消费者进行无限的想象，为消费者营造有趣的接收广告信息的氛围。具体来说，双关主要有以下几种类型。

（1）谐音双关

谐音双关就是在句子中使用与其自身语义没有任何关系的相同读音的词，或者是尽管读音相近但其本身的字形与意义并不相同的词，这一系列的联系共同构成了语意双关。使用谐音双关的句子本身在语言风格上更显幽默有趣，也更能吸引消费者对广告中的产品的兴趣。

（2）语义双关

英语广告中经常会用到语义双关的修辞手法，利用一个词的多个意义，让该词语在特定语境中形成双关。虽然从字面上看是一个词，但实际上有几种不同的意义，甚至是言在此而意在彼，由此使得表达隐晦委婉、耐人寻味，并最终成功与消费者产生共鸣。

（3）语法双关

语法双关是指一个句子包含多个语法现象。

（4）成语双关

英语广告中经常使用社会上一些约定俗成的成语或者俗语。这些广告是在人们已有文化认知的基础上，凭借其独具特色的语言形式形成成语双关，从而提升广告的艺术魅力和吸引力。

## 四、广告语体的翻译

### （一）直译

通常情况下，直译也被称为"语义翻译"或者是"异化翻译"，这种翻译形式就是将原文与译文中的每个词语意思进行准确的对应，将原文中的语法结构进行与之相似的转换，这样就能得到在形式与内容上与原文相似的译文。对于部分原文来说，如果其自身有着完整的表意，在进行翻译的时候不管是其中的字面意思还是深层意思都能够翻译出来，就可以使用直译法。

### （二）意译

因为英语与汉语存在着一定程度上的差异，所以在进行翻译的时候就不能只翻译字面意思，还需要根据原文的内容进行翻译，这种翻译方式被称为意译。一般而言，意译更为自由，翻译者只需要保证翻译之后的内容与原文的内容相符即可，不需要被原文的句式结构等形式的问题所束缚。翻译者需要根据本国的语言特色对其进行适当的改造，使之更容易被消费者所接受。

### （三）音译

作为翻译中最常用的翻译方式，音译可以在广告中进行适当的运用。一般而言，在进行音译的时候所使用的音译技巧主要有以下两种：联想与不联想。

一般情况下，我们将不用联想的音译称为非联想音译，其本身并不需要进行多余的修饰，在汉语当中其本身只需要起到表音的作用即可，并不会被人进行过度的联想。

### （四）增译

所谓增译，就是在原文的基础上，对部分关键词的意义进行补充，表达深层意思，从而达到挖掘整个句子甚至整篇译文的隐含意义的目的，甚至比原文更具有内涵、更吸引人。

### （五）创译

创译又被称为"改译"，在翻译时和原文的名称、发音基本不相同，主要依据产品的具体情况以及当地的语言习惯进行翻译，也被称为"再创型翻译"。

### （六）套译

在进行广告翻译前，要先对广告原文有足够的理解，否则用另一种语言表达出来也不会准确。英语和汉语一样，有约定俗成的成语或者谚语，有的英语广告直接套用这些语言，而在转换成汉语的时候也要用中文的成语或者歇后语、俗语等固定形式，将译文和原文完美贴合。

### （七）拆译

英语和汉语在用法、语言结构以及表达形式方面都有很多不同之处，在翻译的时候不能只翻译字面意思。同理，广告翻译也是如此，而用拆分法进行广告翻译，不仅可以表现广告原本需要传达的意思，还可以将语义以一种委婉含蓄的方式展现给读者，起到宣传的作用。

### （八）浓缩译

对于同一段文本的翻译，要根据不同的语言进行不同方式的翻译，要以语言所在地为依据进行灵活把握。比如，英语广告所面向的目标群体是讲英文的国家，汉语广告所面向的受众群体是讲汉语的国家。所以说，在对相应的广告进行翻译的时候，要充分考虑到该文本所面向的对象、所处的社会环境以及文化环境等方面的差异，通过对源语言进行深入细致的筛选，使得最终的翻译更加简洁、精练。

### （九）四字译

通常，在进行翻译时，会依据中文的习惯将其翻译成四字词语或者是意义相近的成语，这种翻译方式能够使译文的阅读更具韵律。

### （十）不译

"不译"看字面意思就是忽略不翻译，在广告翻译中频繁出现。广告口号言简意赅，如果没有办法把与之相对应的译文生动形象而又比较顺口地翻译出来，那么可把广告原词翻译进去，不必做改动，或者用外文保留广告口号原来的形式。不译法的优点是美观，让人看起来更舒心，往往可以出奇制胜。因此，一些新产品的名称可以采用不译法，老企业的新产品也可以不翻译。

# 第五节　旅游语体的翻译实践

现阶段，旅游业已经成为全球最为重要的新兴产业。自从改革开放之后，我国的旅游业发展迅速，但随着游客的增多，旅游从业人员也在逐渐增多，所以我们现在面临的难题就是怎样更好地使境外的游客能够听懂我们导游的语言，使导游能够更好地将我国的大好河山与灿烂文化介绍给来自世界各地的游客。

## 一、旅游语体的特点

旅游语体也被称作导游解说词，简而言之，就是指导游在引导游客进行游览观光时所使用的语言。相较于翻译成外语的旅游语体，导游在现场或者旅行途中所使用的旅游语体与之有着明显的差别，主要依靠临场发挥。旅游语体自身有着一定的独特之处，与一般的笔译有着明显的不同。具体来说，有以下三个特点。

### （一）旅游语体着眼于口头表达，语言强调简练、流畅、通俗

旅游语体可以传递相关信息，从而指引游客顺利进行各项活动，使其收获相关知识的同时得到独特的体验。我们知道，旅游语体是导游人员提前准备好的，在导游人员的引导下，游客往往是通过听觉获取导游所讲述的信息的，这一过程不同于阅读，游客可以思考的时间是有限的，如果使用过多的书面语言、过于复杂的句子，难免会给游客的理解造成障碍，达不到其预期的目的。而简明扼要、通俗易懂、生动活泼的句子不仅短小精悍，表意明确，具有很好的表意传情功能，还能产生较好的效果。因此，旅游语体通常使用简练、通俗的语言。

### （二）旅游语体中涉及的文化点较多

在旅游语体中，对于各观光景点的介绍，包含该地的各种人文景观，还涉及众多的历史人物以及地名的变迁。比如对国内的风光进行介绍时，经常会出现历史人物、古诗词、历史典故、风土人情、文化习俗等，对国外景点的介绍也是如此。

### （三）旅游语体中涉及的专用名词较多

因为旅游语体所涉及的知识面比较广，所以在其中会存在众多的专用名词，如拱桥（arch bridge）、喀斯特地貌（Karst）等，在对这些词汇进行翻译的时候就需要译者自身有着足够宽的知识面与深厚的知识储备，注意其中的特殊译法，保证与原意是相同的。

## 二、旅游语体翻译的标准

旅游语体主要是供导游讲解服务用的，良好的旅游语体翻译既要忠实地再现原文，又要拥有良好的现场效果，使游客没有理解方面的困难，并给游客带来美的感受。同时，要通过对文化点的讲解起到传播文化的作用。

### （一）旅游语体翻译的准确性

翻译旅游语体时要注意翻译的准确性。虽然旅游语体经常涉及一些文化概念或者专用名词，在翻译的时候不得不采取一些变通的译法，但这并不意味着旅游语体的翻译可以脱离原文，随意发挥。丧失了准确性的旅游语体翻译只会误导游客，给游客的理解造成困难。

准确地翻译旅游语体不仅要求译者有广阔的知识面、良好的专业水平，还要求译者有负责的态度、敬业的精神，要广泛地查阅各方面的资料，以做到翻译准确无误。

### （二）旅游语体翻译的现场效果

旅游语体是导游在旅游途中，说给游客听的现场解说词。因此，导游解说的现场效果非常重要。这就要求导游在翻译时做到灵活处理，清除影响游客理解的障碍。与此同时，要保留原文中的文化内涵和美的韵味，从而使游客较为轻松地听懂，并获得对景点足够的认识，获得美的感受。

例1：开元寺建于唐垂拱二年。

译文：The Kaiyuan Temple was built in the 2nd year of Chuigong of the Tang Dynasty.

这种翻译就会给外国游客造成理解困难，除非具备较高的中国历史水平，否则外国游客难以理解"Chuigong"是什么。因此，译者在翻译的时候就有必要对"垂拱"进行解释，或者就译为"The Kaiyuan Temple was built in the Tang Dynasty, about 1300 years ago."更易理解。

比如"三潭印月"，如果翻译为"the isle of Santanyinyue"，既丧失了原有名字的美感以及对景点特征的表述，又使译名过长，读起来拗口，游客听了也是似懂非懂，不能明白其中的妙处。因此，不如意译为"Three Pools Mirroring the Moon"。相信游客听了这个译名后，一定会面露微笑，并激发起窥探其美感的兴趣。

## 三、旅游语体的翻译

在对旅游语体进行翻译的时候，要严格遵照相应的标准，除了使用相关的翻译技巧之外，还应当注意以下几点。

### （一）增译

部分游客在外地旅游的时候，对于当地的历史文化等并不了解，这时候就需要导游在翻译的过程中，着重讲述其中所蕴含的一些历史文化信息。但是需要注意的是，因为旅游语体传递信息的方式为口述，与其他文本类型的翻译不同，不能在文中做注释进行解释，所以在口述的时候就需要对原文中的一些内容进行适当的扩充。

### （二）省译

旅游语体主要是为了让游客在观赏过程中能够轻松、愉快地了解景点，并得到相关知识，接受美的熏陶，不适合对游客讲述与景点联系较小、乏味、晦涩的内容，因此对于旅游语体中这方面的内容便可删减，以获得良好的效果。

### （三）古诗词的翻译

在对中国的部分旅游景点进行游览观光的时候，经常会遇到名人诗词，所以，在翻译旅游语体的过程中，就不得不对一些古诗词等内容进行翻译。总的来说，在对旅游语体中的诗词进行翻译的时候，需要重视在文学语体中提到的翻译诗歌的要点，并以此为基础进行灵活翻译。毕竟，导游引用诗词，主要是为了对景点进行介绍，并不需要一板一眼地进行翻译，只需要使翻译之后的译文节奏明快、简单易懂即可。并且需要注意的是，在翻译的过程中，应当尽量减少使用典故。

# 第四章　计算机辅助技术的翻译应用

　　纵观历史长河，人类社会每一次重大变革都与科学发现和技术发明息息相关。从 19 世纪六七十年代开始，以发电机技术为代表的科技革命推动人类进入了电气时代；从 20 世纪四五十年代开始，以电子计算机、网络技术为代表的第三次科技革命将人类带入了信息时代。可见，技术革命引发了产业革命，每一次科技革命都推动了社会生产力空前发展。近年来，云计算、物联网、大数据等足以改变全球经济、社会发展及人类生产方式的颠覆性技术不断涌现，引发了广泛用于语言服务各层面的翻译技术的迅猛发展，对传统手工翻译模式产生了巨大冲击——计算机辅助翻译（Computeraided translation，CAT）就是典型代表。前 CAT 时代的翻译工作可用"费时低效"形容。我国近代翻译家、教育家严复曾说"一名之立，旬月踟蹰"，足见此类翻译实践的不易。而傅雷二十年间三译《高老头》的艰辛，更说明要完成翻译任务，译者要有扎实的语言功底、深厚的知识储备和长期查阅词典、文献的毅力。但随着社会高速发展，信息几何倍数地累积、爆炸，既没有精通所有领域的人，也没有包罗万象的工具书，更没有仅凭单薄人力和简单组织就能高效完成的翻译工作，CAT 的重要性不言而喻。

　　现已明确，CAT 可使译者借助网络的无限资讯快速获取最新、最全的信息，更迅速、准确地理解各术语含义及其译法，从而节省大量人力物力，更保障了翻译的及时、准确。随着语言服务的经济全球化、市场化，翻译职业化进一步深化，翻译市场对翻译技术人才的需求日益增长，当前高校外语、翻译专业也掀起了 CAT 教学热潮。

# 第一节　计算机辅助翻译技术概述

## 一、机器翻译的相关知识

### （一）机器翻译的定义

机器翻译（Machine Translation，MT）是建立在语言学、数学和计算技术这三门学科的基础之上，用计算机把一种语言翻译成另一种语言的一门学科和技术。

机器翻译兴起于 20 世纪 50 年代初。1946 年世界上第一台计算机 ENIAC 诞生以后，英国工程师和美国洛克菲勒基金会副总裁提出了利用计算机进行机器翻译的设想。1949 年有学者发表了以"Translation"为题目的备忘录，正式提出机器翻译问题。在这份备忘录中，他提出了下面两个重要的基本观点。

第一，认为翻译类似于解读密码的过程。

第二，当把语言 A 翻译成语言 B 时，就意味着，从语言 A 出发，经过某一"通用语言"或"中间语言"，转换为语言 B，这种"通用语言"或"中间语言"可以假定是全人类共同的。

### （二）机器翻译的发展

从世界上第一台计算机诞生开始，人们对于机器翻译的研究和探索就从未终止。机器翻译研究大约经历了热潮、低潮和发展三个不同的历史时期。

一般认为，从美国乔治顿大学进行的第一个机器翻译实验开始，到 1966 年美国科学院的自动语言处理咨询委员会（ALPAC）发布了一份报告，在这 10 多年里，机器翻译研究在世界范围内一直处于不断升温的热潮时期，在机器翻译研究的驱使下，诞生了计算语言学这门新兴的学科。

这份报告给蓬勃兴起的机器翻译研究当头泼了一盆冷水，机器翻译研究由此进入了一个萎靡不振的低潮时期。但是，机器翻译的研究并没有停止。

20 世纪 70 年代中期，出现了各种机器翻译研究的成果与未来发展的计划，推动了这一行业的发展。在 1976 年，由加拿大的蒙特利尔大学与加拿大联邦政府翻译局共同开发的翻译系统 TAUM–METEO 成功投入使用，其主要作用是为各传播媒体提供天气预报的资料翻译。在之后的 1978 年，欧共体提出了多语言翻译计划。在1982年，日本在研究第五代机的时候提出了亚洲多语言机器翻译计划。也就是在此时，在世界范围内掀起了机器翻译研究的序幕。

近年来移动互联网技术飞速发展，人们逐渐有了使用计算机进行语言翻译的诉求，甚至于，更多的人已经不再满足只能进行文本的翻译，还想要进行人与人之间的对话翻译。又因为近年来的跨境电商业务发展迅速，市场上对于机器翻译的需求有了显著增加。另外，随着1990年所提出的统计机器翻译模型，基于大规模语料库的统计翻译方法得到了飞速发展，也取得了一系列辉煌的成果，人们开始关注机器翻译之类的研究课题。

需要注意的是，尽管近年来机器翻译的研究取得了重大突破，但是现阶段所使用的机器翻译技术并不能满足人们对于高质量机器翻译的需求。

## （三）机器翻译的各种形式

几乎从计算机诞生之日起，人们就试图利用计算机来进行自然语言的翻译工作。最初的目标是不需人工介入的、全自动的、高质量的机器翻译（FAHQT），然而至今未能达到理想的效果。在曲折的机器自动翻译发展过程中，出现了机译人助翻译（HAMT）、人译机助翻译（MAHT）和计算机辅助翻译（CAT）等形式。

### 1. 机器翻译

在最开始提出进行机器翻译的构想的时候，其目标为不需要人工参与其中且完全自动化地产出高质量的机器翻译，但是，1960年，有部分专家认为这一目标并不符合实际，主要在于全自动与高质量之间有着本质上的冲突。如果想要保证译文本身的高质量就需要将机器翻译的译文再经过译后翻译才可以，但是，这种情况下得到的机器翻译在一定程度上就已经成为机器协助下的翻译。

### 2. 机译人助翻译

机译人助翻译主要是指先通过计算机程序进行翻译，但是在这一翻译过程中，还需要人工参与。一般而言，进行翻译工作的时候先通过机器翻译系统进行，之后通过人工进行译前编辑，甚至于还需要在译文完成之后要求人工进行译后编辑。所谓的译前编辑的主要工作就是在进行机器翻译之前先通过人工在源文本中修正可能会在机器翻译的过程中出现错误的地方。译后编辑就需要相关工作人员通过一定的标准对机器翻译之后的结果进行适用性与语言风格的评判，而且在进行机器翻译的过程中有时需要人工参与进来，比如在系统出现错误提示的时候就需要人工进行相关错误的修正。

### 3.人译机助翻译

机译人助翻译的核心是机器，而人译机助翻译的核心则是人，即由译者使用多种计算机翻译工具完成翻译的过程。综合性的人译机助翻译由于集合了多种翻译工具，有时也被称为"工作站"。这些工具包括平行语料库、词汇表、词典、术语库等。

### 4.计算机辅助翻译

机译人助的翻译方式以及人译机助的翻译方式都可以被定义为计算机辅助翻译。这两种翻译方式最主要的区别就是开展翻译工作的主体是人还是机器。曾经有学者认为应当将机译人助也划归到机器翻译的范围中，毕竟在这种情况之下机器才是翻译的主导因素。若是从广义上来看，只要在进行翻译的时候有计算机的参与都可以看作计算机辅助翻译。若是从狭义上来看，计算机辅助翻译也可以看作将人作为主导因素的人译机助翻译。

## （四）机器翻译的方法

通过对机器翻译的历史加以研究，我们可以将机器翻译的方法分为四类：直接转换法、基于规则的转换翻译方法、基于中间语言的翻译方法、基于语料库的翻译方法。除此之外，我们还可以根据语料库的翻译方法将其分为基于记忆的翻译方法、基于实例的翻译方法、统计机器翻译方法和神经网络机器翻译方法。

在最开始对机器翻译进行研究的时候，相关研究者大多数使用的是直接转换法，基于源语言句子的表层，将所翻译的目标直接置换为需要的语言译文，有时候为了保证翻译的准确性，还会进行一些简单的词序的调整。但是需要注意的是，这种方法对原文句子的分析只能够满足生成特定译文的需求。

1957年，美国学者在《句法翻译的框架》一文中提出了对源语言和目的语言都进行适当描述、把翻译机制与语法分开、用规则描述语法的思想，这就是基于规则的转换翻译方法。其代表系统是法国开发的第二代自动翻译系统ARIANE。基于规则的转换翻译方法的优点在于，可以较好地保持原文结构，产生的译文结构与原文结构关系密切，尤其对于语言现象已知或者句法结构规范的源语言句子具有较强的处理能力和较好的翻译效果。主要不足是分析规则由人工编写、工作量大、规则的主观性强、规则的一致性难以保障，而且不利于扩充系统，尤其对非规范语言现象缺乏相应的处理能力。

　　除此之外，还有一种翻译方法是基于中间语言的翻译方法，在使用这种方法的时候，应当先将源语言的句子分析成一种与具体语种没有关系的通用语言或者是中间语言，之后再将通用语言或中间语言转换生成为需要的目标语言。可以发现，这个翻译过程主要包括两个独立的阶段，分别是从源语言到通用语言或中间语言的转换阶段，以及从通用语言或中间语言转换成目标语言的生成阶段。在进行翻译的过程中，仅需要考虑这一语言本身的解析与生成，能够有效减少相关工作者的工作量。但是需要注意的是，对于中间语言表达方式的定义与设计十分困难，不仅需要确定其自身的准确性与完备性，还需要保证领域的可移植性等问题。所以说，这种翻译方法在进行实际应用的过程中会受到诸多方面的影响，面临着很多困难。国际先进语音翻译研究联盟曾经采用的中间转换格式和日本联合大学提出的通用网络语言是两种典型的中间语言。

　　自 20 世纪 80 年代末以来，语料库技术和统计机器学习方法在机器翻译研究中的广泛应用，打破了长期以来分析方法统一天下的僵局，机器翻译研究进入了一个新纪元，一批基于语料库的机器翻译方法相继问世，并得到快速发展，包括基于记忆的翻译方法、基于实例的翻译方法、统计机器翻译方法和神经网络机器翻译方法。其中，统计机器翻译方法独领风骚，是目前机器翻译科研与应用的主要关注点。

　　一般而言，基于记忆的翻译方法，指的是翻译工作者在进行翻译的时候所依靠的是自己所积累的丰富的翻译经验，并不需要对翻译的句子进行语言学上的深入分析，在进行翻译的时候，只需要将其拆分成合适的片段，然后将拆分之后的片段与自己曾积累的例子进行类比，选择与之最为契合的句子或者片段作为翻译的结果，之后再将这些片段进行组合，得到完整的句子。

　　与基于记忆的翻译方法比较相似的神经网络机器翻译方法，这种方法也能够实现从源语言的句子到目标语言的句子之间的映射，并且，这种网络模型可以通过语料库获得。

　　基于实例的翻译方法，主要是通过对现阶段已知的各种语料进行各种层次上的分析，之后建立实例库，收集、整理翻译实例。在翻译的过程中，系统会先对需要翻译的句子进行一定程度上的预处理，最后，将其与实例库中的各种翻译实例进行相似性比较，最终找到最为契合的相似实例作为需要的翻译句子的译文。基于实例的翻译方法借鉴了类比的原理，其基本结构如图 4-1-1 所示。

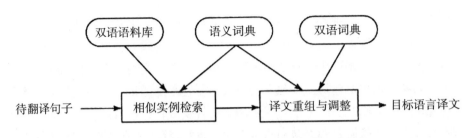

图 4-1-1　基于实例的机器翻译方法的基本结构图

统计机器翻译方法得以建立的基础是噪声信道模型，需要注意的是，这是当前最为主流的方法。这种方法认为在经过噪声信道之后，原句子就会变形成另外一个语言的句子，简而言之，翻译就是将已经经过变形的句子恢复为原句子。这种观点主要认为，世上存在的任何一种语言的任何一种句子都有可能是另外一种语言的某一个句子的译文。为了能够将统计机器翻译与记忆所具有的优势进行互补，众多学者不断研究，终于获得了良好的研究结果。比如菲利普·科恩提出的XML 标记法，中国的汪昆提出的融合翻译记忆的统计翻译方法等都有着不错的翻译性能。伴随着科技的进步，深度学习也在不断发展，在统计机器翻译的研究中已经开始有学者将深度神经网络引入进去，如张家俊等人就将递归自动编码的神经网络用于学习双语的片段向量化表示。

下面笔者简单介绍一下统计机器翻译方法和神经网络机器翻译方法。

1. 统计机器翻译方法

在机器翻译产生的初期，就有学者提出了采用统计方法进行机器翻译的思想。相对于今天的计算机，当时计算机的性能不足以支撑统计机器翻译所需的庞大计算量。到了 20 世纪 90 年代，计算机在速度和容量上有了大幅度的提高，也有了大量的联机语料可以使用，因此，基于统计的机器翻译又兴盛起来。实际上，目前实际可用的统计机器翻译系统仍然需要性能强大的服务器作为硬件基础，为了进一步取得较好的翻译效果，往往需要依托云计算环境。

著名的学者严复认为，翻译应当保证"信""达""雅"，在之后，鲁迅将其简化为两个标准，分别是"顺""信"。一般而言，一个好的机器翻译的译文不仅要流畅，还要不偏离原本的语义。所以说，鲁迅所说的"顺"是对语言模型的要求，"信"是对翻译模型的要求。

得益于统计方法的出现，机器翻译领域充满了活力，具体而言，统计方法的主要思想就是充分地利用机器学习技术，需要大规模地从双语平行语料中获取相应的翻译规则以及对应的概率参数，在之后使用获得的翻译规则对源语言句子进行相应的解码。在 2002 年的国际计算机语言学会议上，奥赫发表了题目为"统计机器翻译的分辨训练与最大熵模型"的论文，在此篇论文中正式提出了统计机器翻译的系统性方法。

越来越多的互联网公司和软件公司推出了基于统计的在线机器翻译系统。例如，谷歌的多语言在线机器翻译系统 Google Translator 可翻译的语言有 90 种，翻译方向有 $90 \times 89 = 8010$ 个，也就是说，这个系统可以进行 8010 个语言对的翻译工作，这样的工作难以人工完成。如果用户不知道文本的语言是哪种语言，Google Translator 系统还可以帮助用户进行检测，根据文本中字符的同现概率来判定该文本空间属于哪种语言，从而进行机器翻译，这大大地方便了讲不同语言的人们在互联网上的沟通。可以看出，尽管还存在这样那样的问题，统计机器翻译目前已经取得了可喜的成绩，确实值得我们高度关注。

基于词的翻译模型是最简单的统计机器翻译模型，由国际商业机器公司（IBM）的研究人员提出。该模型仅仅基于词汇翻译，不同词汇的翻译是孤立的，需要一个双语词典将两种语言中互为翻译的词汇关联起来。该模型起源于 20 世纪 80 年代末到 90 年代初 IBM Candide 项目中关于统计机器翻译的原创性工作。虽然这一技术已经跟不上最新的技术水平，但其中的许多原则和方法现在还依然适用。

2. 神经网络机器翻译方法

作为近年来兴起的新型的机器翻译方法，神经网络机器翻译的基本思想就是通过伸进网络直接将源语言文本映射成为目标语言的文本。这种翻译方式与传统的机器翻译有着十分显著的差异，有着更好的泛用性，有效地解决了传统机器翻译的独立性假设过强等问题。

最初，神经网络是作为特征融入已有模型中的，由此就能更好地增强原本存在于其中的诸如语言模型、翻译模型等模块。最初由两个专家进行合作才将神经网络用于端到端的机器翻译。他们通过使用编码器—解码器建立了全新的框架，从而对翻译的过程进行描述，即通过给出一个源语言句子，之后使用一个编码器对其进行映射，使其成为一个连续的向量，之后使用解码器将这一向量逐词生成目标语言的句子。在这两人的论文中所使用的编码器是卷积神经网络，使用的解码器是循环神经网络。需要注意的是，这种机器翻译的方法并没有实现理想中的翻译性能，但是这项实践为后来的神经网络机器翻译的研究提供了方向。

Google 公司将循环神经网络同时作为编码器和解码器，并且采用了长短期记忆网络来取代原始的循环神经网络，以解决训练过程中的"梯度弥散"和"梯度爆炸"问题。他们的模型架构如图 4-1-2 所示。给定一个源语言句子"ABC"，该模型逐个读入源语言单词并生成隐含向量表示，用以概括从句首到当前位置的所有信息，直到读入句子结束符"EOS"完成编码过程。解码时，模型根据历史信息生成每一时刻的隐含向量表示，并根据向量表示预测目标语言单词"XYZ"，直到生成"EOS"结束。由于长短期记忆网络的引入，该模型取得了与传统的统计机器翻译相同的效果。

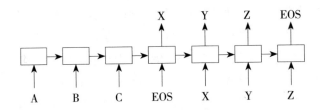

图 4-1-2　神经网络机器翻译示意图

## （五）机器翻译应用

机器翻译本身存在着众多的优势，如周期短、速度快以及不需要人工干预等，所以，尽管机器翻译的实际效果在一些特定的领域中数据充分的情况下所获得的译文存在着不完美的地方，但是也是能够达到被人所理解的水平的。总的来说，近些年，伴随着科技的发展，机器翻译技术也在不断地进步，借助于大数据与云计算技术，机器翻译已经完全融入了人们的日常生活并且发挥着重要的作用。

Google、百度、有道等互联网公司都为用户提供了免费的、在线的多语言翻译系统。需要注意的是，Google 所关注的是以英语为中心的多语言翻译，百度则更加关注以英语与汉语为中心的多语言翻译，甚至于还有实时语音翻译系统。总的来说，机器翻译已经开始对我们的生活产生了诸多良性的影响，在日常生活中，主要在以下三个场景进行机器翻译的应用，分别是信息吸收、信息交流、信息存取。

①信息吸收：其主要服务目标就是那些只需要获取文本中的大致信息的用户，通过这种翻译方法能够让一个不懂外语的人大致看懂网页中的内容，对于用户而言十分方便。

②信息交流：为一对一交流用户提供翻译服务，分口语翻译系统和文字翻译系统两类。受语音技术限制，口语翻译系统目前仅限于旅馆预订、机票查询等小词汇集和非常受限的领域；文字翻译系统适用范围广，如旅游翻译、电子邮件翻译、在线聊天翻译等。

③信息存取：为了实现多语言环境之下的信息检索、信息提取、文本摘要等目的所提供的嵌入式机译系统。伴随着互联网技术的飞速发展，这一类系统中的跨语言信息的检索功能已经成为现阶段信息检索领域十分重要的课题。

若是以专业应用领域的视角来看，在开展项目运作的过程中，通过使用机器翻译能够有效解决因项目的体量过大、周期过短、人员紧张等问题，并且需要注意的是，要想获取极接近于标准化的译文，只需要付少量的服务费即可，这种翻译方式可以作为项目中对译文质量有着弹性要求的次要选择。

目前在绝大多数情形下，机器翻译系统提供的译文只是帮助用户理解原文的大致意思，不可能成为直接出版的流畅译文。要得到完全正确流利的译文，还需要专业译者的修饰和编辑。为了提高专业译者的效率，目前很多研究机构和公司致力于拉近机器翻译与专业译者的距离，为专业译者提供质量上乘的机器翻译候选结果，以便其经过较少的编辑操作就可获得正确的译文。

## （六）机器翻译的问题与展望

### 1. 存在的问题

不管是从什么角度来看，尽管近年来机器翻译发展迅速，有了很大的突破，但是依然存在着很多的问题，主要有以下几点。

①对长句与复杂句式进行处理的相关问题。现阶段所使用的翻译系统并没有很好地对长句与复杂句式进行处理。

②关于弱规范与不规范文本的翻译问题。互联网技术飞速发展，产生了数量庞大的语言文本，但是在互联网上出现的各种语言文本自身都存在着严重的口语化与社交化等问题，存在着严重的弱规范或者不规范的现象。现阶段所使用的所有的机器翻译的针对对象几乎都是规范文本，所以日后该领域的研究难点之一就是怎样提高不规范文本的处理能力与翻译效果。

③双语资源缺乏问题。在实际应用中，为了实现高性能的多语言自动翻译，通常会遇到双语资源缺乏这样的瓶颈问题。尤其对于少数民族语言与汉语之间的翻译，大多数少数民族语言的电子文本和知识库规模都比较小，双语数据更少，而且缺乏相应的语言基础处理工具。

④缺乏基于理解的翻译模型。虽然学术界已经提出一些基于语义的翻译模型，但语义分析的质量还不够理想。

⑤篇章级翻译问题。利用篇章信息进行机器翻译的研究工作才刚刚开始，很多问题尚缺乏有效的解决办法，如指代消解问题和主语省略等现象的处理。

⑥应用的创新问题。现阶段机器翻译的使用方式十分单一，其本身多是以单独的系统存在的。但是需要注意的是，机器翻译本身是能够应用于大多数的应用领域当中的，或者和其他的应用系统进行结合。所以说，在未来应当对机器翻译系统进行产业化创新。

⑦资源共享的问题。在很多时候，一个研究单位的双语资源十分匮乏，但是多个单位的双语资源进行结合之后就能够有效摆脱匮乏的影响，所以说，在未来应当重点关注建立数据资源与系统资源的共享机制。

要想更好地实现理论突破与方法创新，就需要不断提出问题并解决问题，一般而言，通过上述几项问题能够有效促进机器翻译的快速发展。

2.趋势与展望

综合近年来顶级学术会议中关于机器翻译的学术文章以及机器翻译当前面临的问题，我们认为未来几年机器翻译研究的重点应该包括如下几个方面。

①翻译模型的领域自适应问题。目前机器翻译系统的一个重要缺陷是：基于某一领域数据建立的翻译模型应用于另一个不同的领域时，系统性能较差。虽然近年来研究者针对翻译模型、语言模型、短语调序模型和领域新词翻译等问题尝试了很多领域自适应方法，但每种方法只是解决了某一方面的问题，而缺少解决领域自适应问题的有效框架。因此，领域自适应问题仍将是未来几年一个非常重要的研究方向。

②基于语义建模的统计机器翻译方法。基于语言理解的翻译方法一直是机器翻译研究者追求的终极目标，而语言理解的本质是语义理解。有专家提出的基于图结构抽象语义表示的翻译模型极大地增强了我们建立基于语义的翻译方法的信心，但是如何建立适合机器翻译的语义表示和利用方法仍然是一个未解的难题。

③以篇幅分析为基础的翻译模型。随着机器翻译研究的深入，最近几年，很多研究者将机器翻译中的篇章分析理论作为重点进行研究。但是，相关研究者并没有足够合适与成熟的篇章分析工具，也因此，并未建立起相关的机器翻译模型。可以明确的一点是，未来该领域的一个研究热点是以现有的篇章分析的研究成果为基础建立起相应的机器翻译模型。

④面对对象为弱规范或不规范文本的机器翻译方法。如今，网络已经成为我们日常生活的重要组成部分，网络中最为重要的表现形式就是语言文本。但是，伴随着近年来网络语言的口语化与社交化，其呈现出网络文本的弱规范或者不规范的表达特征。在进行多语言的机器翻译研究的过程中，一个重要的难题就是怎样纠正网络语言的非规范现象。尽管有部分研究者提出了针对微博数据的一种面向机器翻译的文本规范化方式，但是这种方法的针对对象仅仅是一些网络中常用的用语和标点，对于大多复杂的问题，并没有有效的解决办法。而且在该领域还有一个非常重要的问题，是先对源语言文本进行相应的规范化处理，还是直接对原始文本进行翻译，这值得众多研究者进行深入研究。

## 二、计算机辅助翻译的概念

计算机辅助翻译有不少相似的概念，如"计算机翻译""电脑翻译""机械翻译""自动翻译""机器翻译""机器辅助翻译""电脑辅助翻译""人工辅助翻译"等，极易混淆。实际上这些概念可以简单地分为两类：一是纯粹的自动化的机器翻译；二是计算机辅助的人工翻译。为厘清计算机辅助翻译的概念，国内外不少学者进行了研究。

### （一）国外学者的观点

首先有的国外专家认为 MT 与 CAT 的主要区别是谁是翻译过程的主导者，前者是计算机，而后者是人工译者，他们利用各类计算机化工具辅助翻译，提高翻译效率。广义的 CAT 技术指译员在翻译的过程中使用各类计算机化工具，如文字处理器、文法检查程序等。

有专家对 CAT 提出三点认识：一是 CAT 工具开发者习惯将其称为"机器辅助翻译；二是 HAMT 与 MAHT 并无明显界限，均属 CAT 范畴；三是 CAT 应包括翻译工具、语言工具、语料库检索工具等。

之后有专家提出了扩展的 CAT 工具及分类法。CAT 工具除涵盖从拼写检查工具到机器翻译系统、从文字处理软件到术语库、从电子百科全书到在线词典、从 HTML 编辑器到软件本地化工具，还包括电子报纸存档、视频会议、绘图软件、翻译记忆、电子杂志等。CAT 工具分类法有三种，即 20 世纪 80 年代早期提出的功能分类法、翻译工具自动化程度分类法及过程导向型分类法。

一般而言，通过功能分类法能够将翻译工具进行相应的划分，一共可以划分为三层，其中第一层为文本处理、远程通信软件等内容；第二层为文本分析、自动查词等内容；第三层为机器翻译。

通过翻译工具自动化程度分类法就能够将翻译工具进行相应的划分，若是按照从高到低进行排列就是全自动高质量机器翻译、人助机译、机助人译、纯人工翻译，需要注意的是，其中的人助机译及机助人译本身属于CAT范畴。

通过过程导向型分类方法可以将翻译涉及的语言、文化过程从源文本到目标文本进行相应的划分，具体可以划分为接受、转换、形成三个阶段，其中，接受阶段主要包括术语库、电子百科、知识库等内容；形成阶段主要包括术语、产出词典、电子文档、文件管理等内容。

### （二）国内学者的观点

①国内学者认为翻译技术是翻译研究的分支学科，专门研究翻译计算机化的相关内容和技巧。

②国内学者认为CAT工具有广义和狭义之分。狭义CAT工具专指为提高翻译效率、优化翻译流程而设计的专门计算机辅助翻译软件，如翻译记忆软件等；广义CAT工具包括所有服务翻译流程的软硬件工具，如常用文字处理软件、光学字符识别（OCR）软件、电子词典、电子百科全书、搜索引擎及桌面搜索等。

③国内学者认为将使用翻译记忆的辅助翻译系统笼统地称为CAT系统较偏颇，广义CAT工具还应包括电子词典、对齐工具、术语管理系统及平行语料库等，有时还应包括机器翻译。

④国内学者认为智能化CAT系统至少应包括译前编辑、译后编辑、翻译记忆和检索、基于实例模式翻译及项目工程管理等功能。

⑤国内学者从宏观角度认为CAT应包括语言服务项目执行过程的信息环境与信息技术、网络搜索与电子资源、主流翻译辅助工具和本地化翻译、项目管理系统、辅助写作及校对工具、机器翻译、语料库与翻译、语言资产管理、网络化团队协同翻译等多方面内容。

⑥国内学者认为CAT是MT或者计算机翻译经过不断地发展才出现的，也将其称为机器辅助翻译（MAT）。现阶段，大部分人都认为CAT工具的核心技术就是翻译记忆，并且还与各种工具相结合，从而有效优化了翻译的流程。

⑦国内学者有效区分了广义的CAT与狭义的CAT。一般情况下，认为广义的CAT指的是所有的在语言、翻译的文化交流当中所使用的能够有效提高效率的电子工具。狭义的CAT指的是使用翻译记忆技术对翻译工作效率进行有效提升的系统。

总的来说，CAT本身的设计范围十分广，其所设计的内容也十分繁杂。尽管现阶段很多学者都在对如何区分狭义与广义的 CAT 概念进行努力，但是，因为不同的学者理解不同，所以我们可以采用"翻译技术"这一概念，毕竟其涵盖的范围更为宽泛，具体指的是在翻译的过程中会使用到的信息技术。

## 三、计算机辅助翻译技术框架和流程

### （一）系统框架

近年来，各式各样的计算机辅助翻译软件占据了市场份额，具备多元功能，即翻译记忆、术语库、翻译项目管理、语料库加工等。计算机辅助翻译技术框架具体如图 4-1-3 所示。

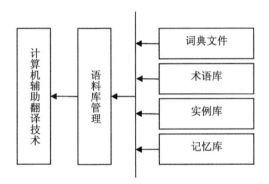

**图 4-1-3 计算机辅助翻译系统框架**

### （二）翻译流程

计算机辅助翻译流程具体如图 4-1-4 所示。

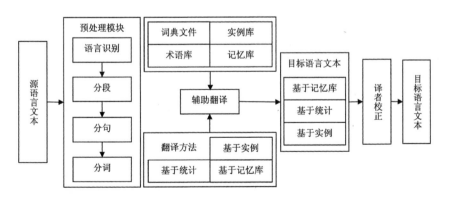

**图 4-1-4 计算机辅助翻译流程**

## 四、计算机辅助翻译的技术基础

### （一）语料库与翻译

#### 1. 语料库的概念

语料库即语言资料库。语言资料存储在电脑上之后，就可以对其按条件进行提取、分析、归类、对比等，从而帮助语言学家探索更多的语言奥秘。

建立语言资料的集合并以各种手段对此集合中的资料加以提取和分析，作为一种研究方法，可以追溯到 19 世纪，甚至更为久远。现在一般以乔姆斯基转换生成语法的兴衰时间为参照，可以说，语料库作为一种语言研究方法的衰落及复兴恰恰与乔姆斯基转换生成语法的兴衰相反，这也就是经验论与唯理论之间此兴彼衰的历史。

#### 2. 语料库的分类

语料库本身有着数目庞大的种类，而且还和其自身的功能有着明显的联系。我们以英语国家的语料库为例进行研究可以发现，在 1991 年，经过多方合作终于建立了"英国国家语料库"（British National Corpus，简称 BNC），其中词容量超过一亿，有 90% 的语料为书面语语料，剩余的 10% 是口语语料，所以说，BNC 不仅是书面语语料库，还是口语语料库。书面语语料库源于各类报刊、书籍与文本，甚至于还有各种未经发表的新建文件等。口语语料库主要有三个来源，分别是私人谈话录音、工作录音、广播影视节目录音。需要注意的是，这些语料都是 20 世纪末期的资源，其主要内容涉及十分广泛，自从建成之后就没有再添加更多的新的语料。所以说，我们也可以认为 BNC 本身还是共时的均衡型语料库。

BNC 同时也是经过赋码的语料库，采取最常用的词性标注。文章的结构属性，如标题、段落、表格等也有标注。标注的存在使依条件搜索语料成为可能。如果希望了解 pay 作为动词与名词的搭配用法。对检索关键词 pay 执行搜索，并限定后一个词的词性为名词（图 4-1-5），就会准确地得到 pay+ 名词的例句在语料库中的存在情况。

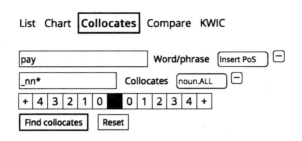

**图 4-1-5　在 BNC 语料库中对检索词后一个词进行词性选择**

3. 平行语料库

语料库中包含两种或两种以上语言语料，则可被称为多语种语料库。比如 1988 年启动的国际英语语料库（The International Corpus of English，简称 ICE），它的建设宗旨是为比较英语研究提供素材。全世界有 15 个研究小组参与其中，各自建立了提供本国英语素材的电子数据库，但都遵从统一的建库原则及语法附码方式。严格来说，ICE 包含的语料是同一语言的不同变体。实际上，包括两种以上语言的语料库多为平行语料库，即语料的构成为源文本及其不同语言的译文文本，语料在意义单位的不同层次，即字、词（组）、句、段等，均对齐。北京外国语大学将 ted.com 网站演讲视频的英文转写及相应中文翻译制成 "TED 英汉平行演讲语料库"，绍兴文理学院将《红楼梦》、四书五经等汉语典籍及其英译本制成 "中国汉英平行语料库"，南京理工大学建有科技英语领域的平行语料库，都是国内英汉 / 汉英平行语料库的例子。

平行语料库能够有效应用于翻译研究中。1992 年，辛克莱教授认为，语料库能够为机器翻译提供有效的信息。直到 1993 年，有专家提出，语料库不仅能够为翻译提供有效的信息，还能更好地帮助相关人员进行翻译的描述性研究以及理论性研究。总的来说，对于翻译工作而言，平行语料库本身有着以下两个方面的作用。首先是能够促进理论研究，其次是能够促进实践应用。通过将某一个英文单词的中文译文全部呈现给翻译工作者，他就能更好地掌握这一英文单词在中文中的翻译方法。除此之外，还可以通过语料库技术将同一个源语中的不同译文进行排列，由此就能确定源语中的同一个词汇在不同的译本中的表达。通过语料库的支持，翻译工作者可以通过仔细地考察选择最为合适的译文。通过将平行语料库技术应用于机器翻译中能够形成机器翻译的第二代设计原理，即基于语料的机器翻译。将平行语料库应用于计算机辅助翻译中，就使其成了 CAT 中的核心理念与技术。

## （二）翻译记忆

### 1. 翻译记忆的概念

翻译记忆（Translation Memory，简称 TM），在计算机辅助翻译系统中是用来存储源文与对应译文的平行语料库。翻译记忆源于已完成的翻译任务。现在的计算机辅助翻译系统都包含翻译记忆的调用和存储功能。

在用于语言研究的语料库中，语料的存储单位一般是篇章，其中记录着体裁、题材、年代、作者等元语言信息，通过对词汇的检索，就可以追溯语料的来源，从而对语言现象做出描述。翻译记忆的功能在于为译者提供已有的翻译参考，它的存储形式为"源文 + 译文"，这一形式称为翻译单元（Translation Unit，简称 TU），源文语言和译文语言称为语对。TU 一般是句子，当然也可以是词组或单词。如图 4-1-6 所示是一份以 CSV 格式存储的翻译记忆。翻译记忆中的存储单元就是翻译任务中的翻译单元，翻译记忆是对源文和对应译文的忠实记录。

| | A | B |
|---|---|---|
| 1 | Small Appliances | 小家电产品 |
| 2 | 0.8 CUBIC FT. CONVECTION OVEN | 28 升电烤箱 |
| 3 | Model: TOR23 | 型号：TOR23 |
| 4 | PRODUCT DETAILS | 产品描述 |
| 5 | 6 Slice(0.8 Cu. Ft.)–Accomodates 12"Pizza | 可容纳 6 片 12 寸披萨 |
| 6 | Power Output: 1400 Watts | 额定功率：1400 瓦特 |
| 7 | Stainless Front and Black Cabinet | 不锈钢外观，黑色内壁 |
| 8 | Stainless Door Handle | 不锈钢拉手 |
| 9 | Power Indicator Light | 电源指示灯 |
| 10 | Temperature Range:210_F–480_F | 温控范围：100–250 度 |
| 11 | Stainless Steel Heating Element | 不锈钢发热管 |
| 12 | 4 Stage Heating Selections | 4 级加热选择 |
| 13 | Convection and Rotisserie Functions | 对流加热，旋转烧烤 |
| 14 | Timer: 60mins with End of Cooking Signal | 60 分钟定时提醒 |
| 15 | Enamel Baking Tray | 搪瓷拷盘 |
| 16 | Non–Stick Interior | 不粘材质内胆 |
| 17 | Removable Crumb Tray | 可抽取碎屑盘 |
| 18 | Self–Cleaning Feature | 自动清洁功能 |
| 19 | ETL. Listed | ETL 认证产品 |
| 20 | G/B Dimensions: 20.47"W × 16"D × 14.5"H | 包装尺寸（高 × 宽 × 深）：520 × 370 × 400 毫米 |
| 21 | Net/Gross Weight: 15.43lb. / 18.75lb | 净重：7 千克，毛重：8.5 千克 |
| 22 | 40'Container Qty. : 800 pcs | 40' 柜装箱量：800 件 |
| 23 | Unit Dimensions: 18.7"W × 15"D × 12.6"H | 产品尺寸（高 × 宽 × 深）：420 × 320 × 380 毫米 |

图 4-1-6　以 CSV 格式存储的英汉翻译记忆

### 2. 使用翻译记忆的优势

CAT 在翻译中所发挥的作用取决于翻译记忆的利用率，翻译记忆的利用率越高，翻译的效率也就越高。这是在 CAT 中使用翻译记忆的第一个优势。效率的提高意味着时间的减少和成本的减少。

　　另外，在翻译的过程中，使用翻译记忆能够使重复出现的词语的译文保持一致。经过研究发现，在一些科技类的文本上，表达的重复率可能会高达 50%，所以说，就算是同一个翻译工作者在进行翻译的时候难免会使得前后文的词汇翻译出现不一致的情况。在一些较为大型的翻译项目中，相关的翻译任务经常会同时分发到不同的翻译工作者的手中，这就导致最后的译文可能会出现同一个词汇的翻译前后文不一致的情况，这就需要使用 TM 对这一问题进行解决。在使用 CAT 工具进行翻译的时候，翻译工作者每进行一条源文的翻译，TM 就会对这一条 TU 以"源文 + 译文"的形式进行自动记录。在下一次出现同一条重复的源文的时候，曾经记录的 TU 就会重新出现，这时翻译工作者就明白需要使用相同的译制结果从而保持前文一致，但是需要注意的是，后一位翻译工作者如果在翻译的结果有异议的情况下，也可以对其做出评价，之后与其他的翻译工作者进行讨论，选择最为合适的译文，选定之后对 TM 进行同步更新。

　　不仅 TU 的译文内容可以修改，TU 本身也可以删除、合并、拆分或添加。这就是对 TM 的维护。使用 TM 提高翻译效率、降低翻译成本、提升翻译质量，必须有一个先决条件，那就是保证 TM 的质量。首先，要保证 TM 足够大，使达到完全匹配、全部匹配或者 80% 以上匹配率的翻译单元数量增多，才能做到提高效率、减少成本。其次，TM 中的译文质量要高。否则，译者在采用 TM 时心生疑惑，花更多时间去评价译文的质量，反倒会造成效率降低。因此，译着要建立自己的 TM，不断地积累，不断地修订，不断地提高 TM 的质量。

## （三）术语与术语管理

　　现阶段笔译涉及的业务领域的范围在逐渐扩大，其中包含电力、热力、燃气、信息技术等。关于语言服务行业的翻译任务大多数都是制造业与科技领域的，这些属于实用文体，需要注意的是，科技领域的文本有一个十分显著的特点，就是术语较多。

　　一般而言，术语就是指在某些特定的学科领域中表示某一概念的称谓的集合。在使用计算机辅助翻译的过程中，术语还包含特定的翻译项目中的术语。有时候还会将项目中出现频率较高的词或短语也认定为术语。对产品、服务或者是行业等进行描述的词语或者是短语也被称为术语。现阶段越来越多的公司开始使用行业或者是组织中特定的词语，这些词语本身能够准确地进行存储、共享、翻译。一般而言，术语的范围极广，其中包含从产品名至营销广告语中的任何词语。

术语的翻译有两点要求，一是准确，二是一致。行业专家对术语的翻译必然是准确的，然而，译者不可能是每一个行业的专家。要做到术语的准确翻译，必然借助专业词典、专业文献，甚至询问专家。据研究表明，查询术语翻译的时间占去了译者翻译时间的三分之四。这无疑是一项极大的时间支出。如果能在翻译项目开始之前准备好相关的术语及其翻译，将会极大地减少查询术语所需的时间，从而提高翻译效率。

伴随着近年来语言服务的国际化程度不断提高，在术语管理中，对于翻译的质量控制与效率的提升都有着十分显著的作用。从事翻译工作的人在翻译项目时经常先进行术语的提取，并进行翻译。通过建立一个有着一定数量的、词条提取精确的、术语译文准确的术语库，能够有效提升翻译的效率，还能有效保证术语翻译的前后文的一致。

在翻译工作中，译者所需提取的"术语"不仅包括在特定专业领域中一般概念的名词指称，还包括以下几种。

熟语——由两个或多个词组成的一个单位，其意思通常不能由所包括的每个词的词义逐词推断出来。

标准文本——反复出现的一种固定的文本块。

缩写形式——包括缩写词、缩略形式、首字母缩略语、缩合词及缩略术语。

在使用 CAT 工具时，译者提取的术语库中的术语可以是单词、缩写、词组等。利用术语管理工具提取术语的字 / 词长度上限，译者可以根据具体翻译项目，在 CAT 工具中进行设置，并非完全固定。这些术语会在对应专业领域项目中反复、高频出现，并且其意义一般不会出现大的变化。将这些术语整合在一起后，存储在一个"容器"当中，就构成了术语库。

为了保证术语翻译的准确性和一致性，提高翻译效率，CAT 工具针对术语进行术语管理。术语管理即对翻译项目中的术语进行定义、存储、检索、增删、修改。术语条目将术语及其对应译文按"源文 + 译文"的形式存储于术语库中（Terminology Database，简称 TB，有时亦称 Glossary），在进行翻译项目时通过 CAT 工具加载 TB，从而检索其中的内容，呈现给译者。从本质上来说，TB 是一种特殊的平行语料库。

建立术语库以及对术语进行管理的最终目的都是有效提升翻译的效率与准确性，同时降低翻译的成本。除此之外，还需要重视 TB 的质量，保证 TB 中的条目数与术语译文的准确程度。对于那些自己所获得的翻译任务基本上来自同一领域中的译者来说，都会建立属于自己的 TB，并在之后的工作中不断进行积累与修改。

## 五、计算机辅助翻译工具

### （一）计算机辅助翻译工具的分类

从广义上来说，凡是在翻译过程中用到的计算机软件都可被称为计算机辅助翻译工具；从狭义上来说，它专指为辅助翻译目的开发的计算机软件。可以将计算机辅助翻译工具分为专用工具、半专用工具和通用工具三大类。

1. 专用工具

专用工具指专为辅助翻译过程开发的软件，如 SDL Trados Studio，memoQ，Alchemy CAT Catalyst、雅信 CAT 等，常使用首字母缩略 CAT 来指代，下面为四款主流 CAT 软件的 LOGO（图 4-1-7）。

**图 4-1-7　四款主流 CAT 软件的 LOGO**

除以上的商业 CAT 产品之外，还有 OmegaT 等一些开源 CAT 软件。这些 CAT 软件尽管界面各异，所具备的功能不尽相同，但核心模块是不变的，即资源提取、翻译记忆、模糊匹配、术语管理以及项目管理。

2. 半专用工具

半专用工具指的是，并非专为辅助翻译过程所开发，用于在翻译过程中对文档做译前处理和译后处理的专用软件。比如图片处理软件 Adobe Photoshop，视频处理软件 Adobe Premiere Pro，桌面出版软件 Adobe InDesign，等等。

3. 通用工具

通用工具指使用计算机处理各类文档必须使用的程序，如文字处理程序

Word，表格软件 Excel，幻灯片软件 PowerPoint，PDF 阅读软件 Acrobat Reader，看图软件，压缩软件，浏览器程序，格式转换软件，等等。

下面通过一则例子来看看一次完整的计算机辅助翻译过程可能涉及的工具。有人接受语言学教授的委托，帮助他把一篇有关眼动研究的英语论文翻译成中文，以方便中国学生阅读。首先通过邮件系统接收格式为 docx 的源文件，需要 Word 软件打开它，查看内容和格式。当发现文件中除了文字之外，还有不少图片，则需要进一步判断图片中是否包含需要翻译的文字。源文件中大部分图片不包含文字，只有一幅比较特殊，目前的 CAT 软件都没有办法处理图片文件。要将文字信息转化为中文，有两个办法。一是使用中文版 SPSS 软件，重新导入中文数据生成一幅图片。二是使用 Photoshop 软件，将图片上的英语文字改成中文。无论是哪一种方式，都要用到非 CAT 的专业软件。接下来选择合用的 CAT 软件。目前的 CAT 软件对 Word 文档的处理都已经相当完善。在使用 CAT 软件进行翻译的过程中，译者还可能会上网查询相关信息等。在这一次翻译任务中，用到了通用工具 Word，半专业工具 SPSS 或 Photoshop，还有专用工具 CAT 软件。

由此可见，任何一次计算机翻译都会涉及多种软件，信息化时代的翻译早已与技术密不可分。

## （二）国内外常见的 CAT 工具

### 1. 国外常见的 CAT 工具

（1）Déjà Vu

Déjà Vu 是 Atril Language Engineering 公司开发的基于 Windows 系统的计算机辅助翻译系统，虽与 SDL Trados 相比尚不具备市场占有率优势，但许多职业译者认为该系统是最具潜力的软件。

Déjà Vu 的最大特点在于对部分句子内容或标签内容能先保存后拼合，只需一键便可将一个标签的翻译插入一个项目所有相应位置。另外，Déjà Vu 工作界面的字体、颜色都可以调节，以最大限度适应用户习惯。每完成一句翻译并确定后，下句会自动递补到当前位置，免除了频繁使用键鼠卷屏调节编辑区域的麻烦。这种灵活设置在其他 CAT 软件中并不多见。

Déjà Vu 界面清晰简明，除上方菜单栏外，界面主要包括翻译视图、项目管理和自动搜索三个部分。翻译视图部分是翻译主要操作部分，包括左侧原文区及右侧译文区。其最新版本将文件浏览、自动术语和 TM 搜索等功能集成在同一界面中，但用户仍能把某个功能区窗口拖到主窗口外，获得更佳的视觉效果。在 Déjà Vu 中工作好比填写表格——用户面对的是一个双栏表格。左侧是源语，已经按句子进行了拆分；右侧是待用户填入对应译文的空白单元格；最右侧是自动搜索等辅助工具，为译者提供实时查询工作。

（2）Heartsome

Heartsome（Heartsome Translation Suite）由新加坡 Heartsome 公司发布，是首款也是唯一一款完全基于最新开放标准（XLIFF、TMX、SRX、TBX）的语言技术制作开发，并真正实现跨平台（Mac、Windows、Linux、Solaris、Unix）使用的 CAT 工具。该工具包含两个 CAT 工具 Translation Studio 和 TMX Editor，后者是记忆库、术语库的维护、编辑工具，还可编辑 TMX 记忆库文件。

Heartsome 界面包括项目窗口、编辑窗口、记忆库窗口和术语库窗口四个部分。项目窗口用来管理日常项目，记忆库窗口和术语库窗口用来显示记忆库、术语库的匹配，编辑窗口是翻译主界面，包括左侧原文区与右侧译文区。总体来说，Heartsome 界面比较整洁，操作方便。

Heartsome 优势有三：一是除 .ttx 文件外其他格式无须处理即可在 Heartsome 中打开；二是 Heartsome 可作为文本编辑器编辑 SDL Trados 2007/2009/2011/2014 的 .ttx、.sdlxliff，Wordfast 的 .txlf 和 Déjà Vu 导出的 .xliff 等原生文件；三是 Heartsome 提供多数 CAT 工具均未提供的代理设置，即使谷歌无法访问，也可通过代理稳定获取在线机器译文。

（3）memoQ

memoQ 是 memoQ 基于 Windows 系统研发的 CAT 软件，使用量仅次于 SDL Trados，主要产品有 memoQ Server、Qlterm、Tmrepository memoQ。其具有 Déjà Vu 的优点，在 .rtf 文件过滤器、服务器—终端环境、面向 TM 标签设置等方面甚至超过了 Déjà Vu。

memoQ 的主要特点是：实现了翻译编辑功能、记忆库、术语库等的系统集成，可搜索长字符串，可兼容 SDL Trados、STAR Transit 及其他 XLIFF 提供的翻译文件，通过 memoQ server 还可实现多人共同翻译；其主要功能有格式标签分析、自动传播译文、基于上下文的记忆库、定制筛选条件、强化 TM 统计、全局查找/替换、同质性统计、基于 ID 对齐句段、长字符串相关搜索、资源元信息、实时对齐句子、预翻译、校对、实时 QA、实时拼写检查、状态报告、双向记忆库、更改跟踪、自动翻译、术语提取等。

memoQ 界面清晰，界面左侧为翻译区，右侧为预翻译区与 QA 区。通过自定义的 memoQ 操作，翻译时 memoQ 已经为译者考虑到目的语文化特点，翻译时能极大提高翻译效率。

（4）Memsource

Memsource 是一款针对企业和翻译机构的基于云计算的翻译管理系统以及面向专业译员的在线和离线 CAT 工具，可在 Linux、OSX、Windows 等系统中运行，其最新版本为 Memsource Editor 4.150 和 Memsource Cloud 4.7。

Memsource 界面清晰简明，包括翻译区、预翻译区和 QA 区。翻译区又包括左侧原文区及右侧译文区，译者在译文区翻译时，预翻译区会得出相应的翻译，若译者满意可直接将译文复制到译文区，节省时间，提高效率。其最新版本将文件浏览、自动术语和翻译记忆搜索等功能集成在同一界面中，操作十分便利。

Memsource 的主要功能包括翻译记忆、快速检索、集成机器翻译、术语基地和质量保证等，其翻译工作台可免费下载；其基于云平台的特点省去了管理术语库的时间。目前，Memsource 既有网页版，也有桌面软件版，且软件很小，基本不占电脑内存，使操作流畅了很多。

（5）MultiTrans

MultiTrans 是由 MultiCorpora 公司研发的基于 Windows 的企业级翻译管理软件，可以实现网络集中化管理与实时协作，允许多个用户同时检索、分享、查看、更新 TM、术语库；源语言作者、同一项目译者、术语专家、编辑及审校人员可通过网络实现分布式写作、翻译、校对。

TextBase 技术是 MultiTrans 的一大特色，它采用云服务总结（CSB）技术，源语在译前不用切分为句，而是采用索引模式，可充分利用上下文信息，便于利用已译文档建立大型记忆库，翻译过程中可方便查看双语语料语境。

MultiTrans Pro3 界面与 SDL Trados 相似，基本为上下结构，最上面是菜单栏，左侧是原文，右侧是译文编辑区，下面是语言资源区。

（6）OmegaT

OmegaT 是 2000 年由 Keith Godfrey 使用 Java 语言编写的 CAT 工具，其特点是使用正则表达式的可自定义分段，带有术语库、词典，支持内联拼写检查。

OmegaT 可同时翻译不同文件格式的多个文件，且在计算机可用内存限制下查阅多个术语表；允许用户自定义文件扩展名和文件编码，不仅可选择翻译部分文件的指定元素（如设定 OpenOffice.org Writer 文件的书签翻译，设定 Microsoft

Office 2007/2010 的脚注翻译，设定 .html 中 ALT 文本的图像翻译），还可选择如何处理第三方翻译记忆中的非标准元素。

OmegaT 可在译前统计项目文件、翻译记忆状态，译中统计翻译任务进度，译后执行标签检验，确保无意外标签错误，还可从 Apertium、Belazar 及 Google 等机器翻译中获取机译结果并显示在单独窗口中。

用户在 OmegaT 界面（图 4-1-8）中可对各窗口向周围移动、最大化、平铺、标签化和最小化，当 OmegaT 启动时会显示"快速入门指南"的简短向导。

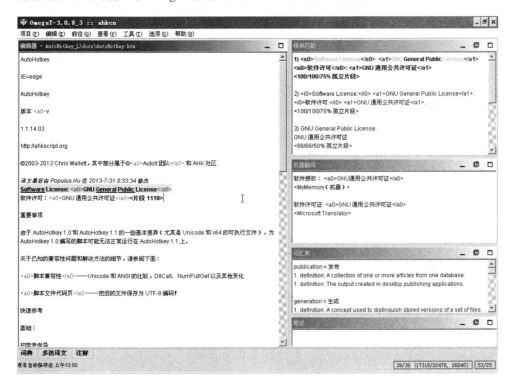

图 4-1-8　OmegaT3.0 主界面

（7）Wordbee

Wordbee 的所有操作都是通过网络进行的，不仅支持主流的浏览器的高级版本，还不用安装本地客户端，其本身集客户关系管理、供应商管理、记忆库与术语库管理、在线翻译、项目管理、财务管理于一体，还能够有效地对本地化翻译进行处理，与其他的 CAT 工具相比，其算是现阶段云翻译技术中较为先进的 CAT 工具。

需要注意的是，Wordbee 还有着十分强大的网页支持能力，就算用户完全不了解网页代码，也能十分准确地将网页提供的疑问以原格式的形式进行呈现。除此之外，在翻译机构与外部或内部自由译者进行交流的时候，Wordbee 还能进行彼此之间的沟通与交流，以及进行任务的分配。

Wordbee 本身是一个多人协作的平台，在项目平台汇总，不管是原文、译文还是记忆库等数据都会被保存下来，甚至于其他的译者或者是审校的工作人员也能够在这一项目中同时进行工作，参与到工作之中的所有人不仅能在这一平台上随时进行评论，还能对他人的译文进行标记等，诸多功能十分方便。

2. 国内常见的 CAT 工具

（1）传神 iCAT

传神 iCAT 是由传神（中国）网络科技有限公司推出的一款专业、免费的计算机辅助翻译软件，通过翻译记忆匹配技术提升译者的翻译效率，减少重复劳动。iCAT 同时拥有云术语库，目前已有 4000 万左右的专业术语。个人译者的在使用 iCAT 翻译时可以免费选用所需要的专业术语库。其主要有以下三个特点。

①文档及格式：支持 .doc、.ppt、.xls 等常见文档格式；提供各类文档格式支持的场景式翻译；通过对 Word 部分文本的 RTF 分析实现快速翻译；利用 Word 批注及数据库技术保证翻译术语统一及历史语料复用；采用 HTML 方式封装剪贴板内容，实现不同区域文档内容同步。

②语料及应用：侧边栏能够对翻译内容中的术语、释义、语料等进行自动化搜索并提供全面的参考信息，从而有效提升翻译的准确率。通过使用 TF–IDF 算法进行语料匹配工作，能更好地实现语料复用，有效提升翻译的效率与翻译内容的准确率。通过将用户库分为本地用户库与企业用户库，能够通过多人共享的方式发挥出语料资产的价值。

③效率及提升：通过提供快速输入法能有效提升翻译人员的输入速度，还能减少输入对翻译的影响；通过使用最新技术——云翻译技术，能够对译文中的低级错误进行检查；能够在最大限度上保持之前的文章格式，有效减少排版人员的工作量，而且这一工具本身还支持多种主流的语言。

（2）雅信 CAT

雅信 CAT 是一个基于网络、基于大型关系数据库、支持多人协作的计算机辅助翻译平台。系统提供流程化的项目管理，使翻译项目的组织和管理变得十分轻松快捷、高质有效。系统依托现代网络技术和数据库技术实现翻译语料资源信息的共享和翻译术语的高度统一；采用先进的网络技术，可以基于局域网和互联网多种网络环境部署和应用。

（3）雪人 CAT

雪人 CAT 的研发者是佛山市雪人计算机有限公司，有软件与网络协作平台。需要注意的是，网络协作平台本身不仅能够进行项目文件的协同翻译工作，还能够对记忆库、术语库进行实时的修改。除此之外，雪人也能够与其他的 CAT 软件进行良好的兼容，甚至能够直接导入雅信记忆库，或者将记忆库中的文件转换为 .tmx 的格式进行导入。总的来说，该软件有三个突出的特点。

①快搜：百万级的记忆库能在短时间内进行整句的匹配或者是片段的搜索；其中包含在线自动翻译与在线词典，从而为翻译人员提供参考；其中嵌入的在线词典种类多样，能够进行方便、快捷的切换。

②快译：通过使用记忆库、词典、规则词典、本地术语库与在线翻译等形式进行预翻译，获得译文；可以随时进行译文的预览，还能与原文进行对照预览；通过使用 EBMT、TM 两种技术，可以对翻译进行自动替换。

③快检：用户通过自定义对语法规则进行翻译，不断提高取词与翻译的效率；还能对译文中的术语、数字等进行校验与修改，保证准确性。

（4）Transmate

Transmate 是第一个由民族企业——成都优译信息技术有限公司自主研发的 CAT 系统，分单机版与企业版，对系统配置要求低；集项目管理、记忆库管理、术语管理、语料对齐、术语抽取、自动排版、在线翻译、Web 搜索、低错检查于一体；支持标准记忆库和术语库格式、多文件格式及多语种，最大限度减少重复翻译的工作量、提高翻译效率、确保术语和译文的统一。

Transmate 支持 .docx、.doc、.xlsx、.xls 等系列及其自定义的 UTX 文件，可导出 .docx、.doc 等格式译文，术语库支持 .xlsx、.xls、.txt 等格式，记忆库支持 .xlsx、.xls、.txt 等格式。其中，UTX 文件是 Transmate 软件的过渡文件，用于保存翻译文档相关信息。

# 六、计算机辅助翻译的优缺点

## （一）计算机辅助翻译的优点

### 1. 翻译记忆与拓展思路

在使用计算机辅助翻译软件的人中，不仅有专业的翻译人员，还有一些非专业的学习者与使用者。在进行翻译的过程中，译者如果对于原文中的某一个句子的选词或者表达没有思路，就可以使用计算机辅助翻译软件解决这一问题。

现阶段所使用的计算辅助翻译软件不但克服了最开始的时候机器翻译本身存在的不足之处，还形成了属于自身的名为"翻译记忆"的优势，它是计算机辅助翻译软件最为核心的技术。通过将已经存在的各种译文存储在语料库中，就能在下一次开展翻译工作的时候，通过对相关的词条进行检索，在语料库中找到合适的译文，从而为翻译者提供参考。通过建立语料库，能在一定程度上降低后期翻译工作的难度。除此之外，还能有效提升翻译的效率与译文的质量，有效保证同一个翻译公司的译文有着同一种翻译风格与术语，更加方便进行多人协作形式的翻译工作。

它还有一个显著优点，即为译者提供翻译思路。尽管计算机辅助翻译软件提供的有些词和句不符合语境，但是有了翻译思路，就有更好的翻译方向，再加上译者对语句的调整，就可让翻译内容达到令人满意的效果。

科技水平的迅速提高和网络的逐渐普及，加快了计算机辅助翻译软件的研发和使用速度，其中 SDL Trados 最为常见。例如，在 SDL Trados 搜索引擎中输入简单的单词"father"，系统就会出现很多例句。如常见的谚语"Like father, like son."（有其父必有其子）。从不同的例句中还可以体现一个单词的不同词性和用法，使用百度对"doctor"进行搜索，可见作名词时有"医生""博士"的意思，作动词时有"行医"的意思。

### 2. 减轻负担

在计算机辅助翻译软件没有被普及应用的时候，译者在翻译的过程中遇到新的词或者句型结构的时候就会记录翻译好的内容。但是需要注意的是，尽管这些内容被记录了下来，在对其进行查找的时候还是会遇到麻烦的情况，十分耗费时间，不但会加重译者的负担，还会严重拖慢翻译的进度。

在计算机辅助翻译软件被普及之后，译者就不再需要记录，只需要将想要记录的内容与保存的翻译语料存储到相应的软件中,不仅能更好地对资料进行储存,还能更为方便且快捷地对想要的内容进行查找,最后选择最为合适的内容,这样就能有效缓解翻译的压力。

3. 节省时间

计算机辅助翻译软件另一个突出的优势便是极大地提高了译者翻译的效率,节省了大量的时间。它之所以可以提高翻译效率,是因为其拥有强大的记忆库和术语库。以 Trados 和 Wordfast 为例,用这两种翻译软件进行翻译时,均可在翻译项目开始之初导入相应的记忆库和术语库。但它们的优势是不同的,Trados 可设定记忆库和匹配率,在翻译的过程中,一旦原文与记忆库中的某个句子或某个段落相匹配,该句段就会自动跳出以供译者参考,只是译者需要确认术语是否匹配并进行修改;而使用 Wordfast 时术语会被自动标识,无须查找,但译者需要手动查找在记忆库中的内容。两种工具都有各自的特点,均可凭借强大的记忆库功能和术语库功能提高译者的翻译效率,节省时间。并且它们都可以自动使译文完全按照原文格式排版,无须花额外时间进行文档格式处理。

4. 高速处理原文中庞杂的信息

在开展翻译工作的时候,遇到一些加急的稿件是不可避免的,这些只有几千字的稿子需要在半天的时间内完成。要想完成这样的任务就需要译者有着极为娴熟的技巧与丰富的翻译经验,若是以上两者都没有,就很难交给客户令人满意的成果。另外,在进行翻译的时候还可能会遇到一些不能在词典中查到的词汇,这一类词汇可能是因为作者在创作的时候为了更好地进行宣传而使用的不规范、不标准的词汇。所以说,在这种情况下,译者就需要借助语料库与翻译软件的帮助,结合自身所掌握的翻译技巧与丰富的知识储备,在短时间内产出高质量的译文。若是译者进行旅游游览手册的翻译工作,需要在翻译之前建立合适的翻译语料库,还需要积累与旅游相关的词汇或者短语表达,只有这样才能在进行翻译的时候借助自身积累的知识,更好地翻译文章。

## (二)计算机辅助翻译的缺点

1. 计算机辅助翻译对所翻译的内容文体有一定选择性

在翻译文学作品时,机器不会识别反语,很难理解讽刺与幽默,不会对句子的大意进行概括。由此可见,计算机辅助翻译不太适合文学作品的翻译,因为文学作品里的情感表达过于复杂，机器不能理解，即使它是人工智能，也不能超越人工翻译。计算机辅助翻译因其翻译记忆等功能，比较适用于法律文书、宣传手册等，这一类型的文件重复性词汇多，句子较多，只要借助相似文件的术语库就可以完成译文。

如《飘》中有这样一句话 "No，Scarlett，the seeds of greatness were never in me."通过机器翻译，我们可以得到"不，斯嘉丽，伟大的种子从未在我身上出现过"。译文根据字典翻译，词与词对应："seed"译为"种子"，"greatness"译为"伟大"，所表达的意思是对的，但译文显得抽象生硬，因此不能完全传达出作者的原意；有译者将其译为"不会的，斯佳丽，我根本就不是当大人物的料"。这样的译文具体地表达出了小说人物说话时的否定意味，同时译文的表达也被读者所接受。

2. 计算机辅助翻译不能持续地为译者提供帮助

这一缺点主要体现在更新语料库方面。当译者遇到全新的翻译内容的时候，他们就需要建立一个全新的语料库，其中的所有资料也需要重新进行搜集。随着时代的发展，各行各业开始出现新的专业名词，为跟上时代潮流，在日后的翻译工作中更加得心应手，译者需要不断更新自己的语料库，需要注意的是，在这一层面，计算机辅助翻译并不能完全起到"辅助"的作用。

3. 译文易脱离语境，语义理解错误

计算机本身只是一台机器而已，它不仅没有人的思维与情感，也没有人类才有的中枢神经系统，这也就使得死板的机器在进行翻译的时候并不能做到与人工翻译一样。在世界上有着数量众多的国家，而且不同的国家都有着属于自己的独特的语言文化，还有着不同的文字表达，在进行翻译的时候很多语料并不是都能被存入计算机中的，若是在进行翻译的时候仅仅使用计算机中储存的语料就会出现较为严重的错误，比如将"white elephant"直接翻译成"白象"而不是"大而无用"，这些死板僵硬的翻译脱离了原本的语境，属于较为严重的错误。

4. 购买各类计算机辅助翻译软件较贵，耗时费钱

在使用翻译软件的前期需要花费大量的时间和精力去学习操作软件，初学者做到操作熟练需要一定的时间，同时搜集和建立新的语料库也会花费大量的时间，因此在前期，计算机辅助翻译软件很难为一些翻译公司创造利润。但对在校大学生而言，这一缺陷不是那么突出，学生掌握了一些基本的计算机操作，在学

习软件操作时耗费的时间相对较少，但由于翻译知识累积较少而使得语料库的内容有局限性，导致其翻译风格变得单一，译文也会变得没有创造力。要解决计算机辅助翻译所存在的问题，计算机专家、语言学家和计算机辅助翻译的使用者任重道远。

## 七、计算机辅助翻译的发展趋势

经过研究，专家认为翻译技术的发展有两大趋势：一是整合化趋势，主要指的是将各种功能与适用于翻译的各种辅助性工具都整合于一个平台；二是专业化趋势，指的是出现很多能够专门适配于各专业相关的专用的软件。特别是近年来信息技术飞速发展，人工智能、自然语言处理等也在不断地发展，计算机也能够承载更多，所以翻译技术在此基础之上也在不断地发展，其中的各项功能也在不断地完善，其本身的智能化、语境化、可视化、集成化等特征逐渐显著。需要明确的一点是，传统的翻译生产方式将在未来逐渐被新型的翻译技术所取代，将云计算作为基础框架的云翻译系统将会大放异彩，而且，CAT 的发展将会呈现出以下趋势。

### （一）日趋整合的 CAT 工具功能

不同业务的需求迫使翻译技术提供商逐渐整合不同的功能模块。CAT 工具从最初基本的模糊匹配和编辑功能发展到译中自动文本输入和自动拼写检查，译后批量质量保证，再到翻译项目切分、项目打包、财务信息统计、过程监控、语言资产管理、即时通信、多引擎机器翻译等，功能越来越多，呈现出整合趋势。如当前 Across、SDL Trados、XTM 等 CAT 工具不再局限于翻译本身，其功能涵盖从技术写作、术语管理、文档管理、内容管理到翻译和产品发布等环节，体现了将翻译技术同翻译流程各环节整合的趋势。

### （二）日益提高的 CAT 可视化程度

人们能够在屏幕上直接观看到所有信息打印到纸张上的效果，这种操作方式就被称为可视化操作。若是将 CAT 作为例子，可以发现它能够有效隐藏待译文档的格式信息，但是需要注意的是，一旦格式变得更加复杂，那么预览的效果就会变得较差，甚至难以进行预览翻译，这会在一定程度上影响到译者的判断与翻译的速度。如今的翻译技术已经和计算机图形学、计算机视觉等诸多领域进行融合，正在逐步实现可视化翻译。比如在 Alchemy Catalyst、SDL Passolo 等相似的翻译工具中，译者只需要注意文本即可，之后严格关注翻译之后的预览效果，发现其中存在的错误，及时进行修正。未来，定会有越来越多的技术提供商将可视化翻译技术添加到翻译流程中，更加便于译者工作，有效优化现有的翻译环节，更好地节约翻译的成本，增强公司的竞争力。所以说，在未来，可视化技术有着十分广阔的发展空间。

### （三）异军突起的开源 CAT 工具

鉴于市场需求变化必定导致对翻译工具需求的变化，如何在成本范围内提高效率成为很多用户首先考虑的问题。随着开源社区蓬勃发展，人们越发关注开源 CAT 系统，如 Anaphraseus、Okapi、OmegaT、Translate Toolkit 等一大批开源工具涌入翻译市场或本地化市场。由于其成本低、灵活可靠、安全性高，且无须许可证，自由及开放源码软件（Free and Open Source Software，FOSS）越来越受欢迎。此外，开源 CAT 系统具备商业 CAT 系统兼容 TMX 标准、模糊匹配、术语管理等基本功能，且这些功能同封闭性商用 CAT 系统相比优势明显。不难预见，开源工具正在超赶商用 CAT 系统。2010 年，IBM 将多年来仅供公司内部使用的 TM/2 开源化，并改名为 Open TM2，兼容标准 TMX 格式。2014 年 8 月，Heartsome 工具实现开源，进一步扩大了开源翻译技术阵营，给自由译者更多选择，很大程度上打破了昂贵商业 CAT 工具垄断的壁垒，促进翻译行业生产效率的提高。

### （四）广泛应用的 CAT+MT+PE 模式

CAT+MT+PE 即"计算机辅助翻译 + 机器翻译 + 译后编辑"的简称。机译在信息化时代快速发展，在商业翻译中更是广泛应用。机译虽然批量翻译速度快，但不能很好地理解自然语言，所以高质量翻译仍需要人来主导，且目前越来越多的 CAT 工具提供商开始实现机译引擎与 CAT 工具的整合。当记忆库中无匹配时，CAT 系统会自动调用内置机译引擎快速给出译文，译者再根据初始译文修改，确认后的内容可及时进入记忆库，供后续循环使用。

### （五）迅猛发展的语音识别技术

鉴于运用语音识别能根据声音指令创建、编辑、修订、保存翻译文档，未来 Web3.0 时代，语音识别和即时语音翻译技术将会极大发展。目前，百度语音助手、搜狗语音助手、讯飞灵犀语音助手等智能语音翻译及应答系统如雨后春笋迅速蔓延移动应用市场，通过识别用户语音的要求、请求、命令，既能克服人工键盘输入速度慢、极易出错的缺点，又有利于缩短系统反应的时间，如译者利用 Via

Voice、Dragon Naturally Speaking、Express Dictate、FreeSpeech 等语音软件翻译文本初稿的同时，TM 系统可对具体词或短语进行匹配操作。

从商用领域看，近年来 Microsoft、IBM、Dragon Systems 等公司斥巨资研发相关产品，较成熟的系统有 IBM 的 Via Voice 和 Microsoft 的 SAPI，这些都是面向非特定人、大词汇量的连续语音识别系统，如经充分训练，Via Voice 识别率可达93%。从日常生活看，播客/唱吧和苹果的 Siri 是两大发明，前者或通过电话点播电视 MTV 时只需歌手或歌名，电视终端就播放相应曲目；或组织多人飚歌时，利用语音识别技术可比对用户演唱和原音旋律，继而给用户演唱打分。后者通过强大的后台语音分析技术对多语种人声进行识别并智能答复。

我们以北京奥运会的多语言服务系统为例，经过研究可以发现，这一系统包含多语言信息同步发布、信息查询与语音交互式电子商务等功能，不仅能提供某一地理位置的信息服务，还能提供口语翻译机、自动翻译电话等更加方便彼此之间进行交流的辅助工具。这一系统的工作原理就是先通过实时翻译的机器将各种各样的信息传递到语音应用的平台上，之后再通过语音等形式将相关信息向各位终端用户进行发布，为其提供母语的信息服务。经过实践可以发现，这一系统提供了奥运会期间各种信息查询以及公共服务信息查询等多语言的智能信息服务，这就像是一支虚拟的志愿者服务大军，应用该系统也是奥运会史上一项了不起的成就。

# 第二节　计算机辅助翻译技术的实践应用

## 一、语音识别技术在计算机辅助口译中的应用

### （一）语音识别技术基础

语音识别研究可追溯到 20 世纪 50 年代，如贝尔实验室的 Audrey 系统，用模拟电路实现了对 10 个数字的识别。从那以后，语音识别技术经历了模式识别、统计模型、机器学习、深度学习等发展阶段。现在的语音识别技术主要包含四个模块：信号处理与特征提取模块，声学模型模块、语言模型模块、解码搜索模块和字典模块，如图 4-2-1 所示。

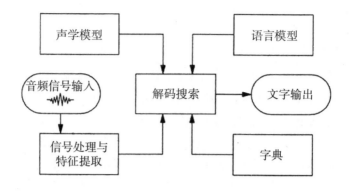

图 4-2-1　语音识别技术框架

## （二）语音识别技术在口译活动中的应用模式

### 1. 语音识别技术＋计算机辅助翻译教学

ITE（Interpreter Training Environment）是一套个性化的有效提高口译训练效率的学习系统，语音识别就是 ITE 系统的核心组件之一。科大讯飞的语音识别产品"讯飞语记"也被引入口译教学中。因此，理解、记忆和输出这种传统的口译过程转变为包含文本、视译、输出三个环节的新型口译过程，如图 4-2-2 所示。

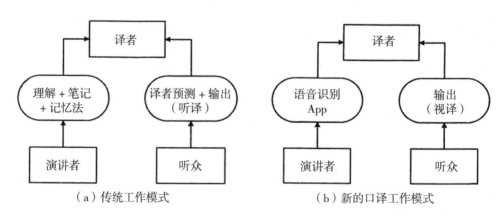

（a）传统工作模式　　　　　　　　（b）新的口译工作模式

图 4-2-2　口译教学工作模式

新的口译工作模式将发言人的语音信号转换为文本，学生在识别文本的帮助下完成文本理解，并以视译的方式输出文本。通过这种工作模式的口译教学训练，学生的同传能力和自信心均有显著提升。

语音识别技术不仅对口译教学起到了非常大的促进作用，其对特殊教育也有着莫大的帮助。由于非母语人士、听力受损或失聪人士在使用多媒体教育资料时存在诸多不便，因此，有人依据计算机技术开发出一种字幕生成工具，即 Miro Translate。如今，多媒体教育材料的增多与新型教学模式如混合式教学、微课、慕课等的发展使得人们对字幕的需求也在不断增加。当人们将语音识别运用在会议中时，能够大大提高记录会议内容的效率，替代原本只能记录非结构化数据如视频、音频等的会议系统，主要用于记录结构化较强的文本数据。有了语音识别系统的帮助，在生成会议记录、追溯会议音视频节点方面起到促进作用。

2. 语音识别 + 计算机辅助口译实践

1995 年，有专家提出了交替传译和同声传译精力分配模型。机器具有更好的领域适配能力、更好的长时记忆能力和更强大的信息处理能力。结合精力分配模型，我们认为机器在听力与分析、短时记忆和产出方面能有效辅助译者进行工作。

现在的研究更多集中于语音识别对人工译者的单方向的辅助作用。人们在实践探索中发现了人工辅助机器和人工与机器互助的工作模式。在笔译方面，在进行机器翻译前，对原文本进行译前编辑工作，能获得较好的机器翻译效果。经专家研究发现，"译前编辑 + 机器翻译 + 译后编辑"模式所花费的时间更少，而且译文质量更优。这种模式可认为是人机互助的翻译工作模式。在口译方面，科大讯飞在"2019 世界制造业大会"上就采用了人机互助的工作模式。"2019 世界制造业大会"同步给出了口译音频与中英双语字幕。为了得到高质量的字幕，科大讯飞引入了人工参与质量保证的语音识别工作模式，如图 4-2-3 所示，可用此来表示这一工作模式。

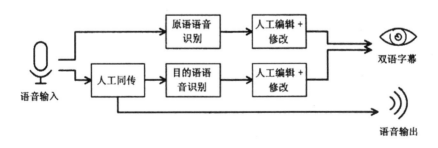

图 4-2-3　人工辅助同步输出双语字幕

### 3.语音识别＋口译语料库建设

语料库是为研究语言而收集的、并以机器可读方式存储的语言材料。语料库的研究工作始于 20 世纪 50 年代，而关于口译语料库的研究则稍晚一些。1998 年，有专家提出了基于语料库的口译研究，认为基于口译语料库的研究不仅可以研究口译本身，也为口译研究提供了新的方法。2003 年以后，兴起了口译语料库研究的热潮，建立了一些具有代表性的口译语料库，包括日本名古屋大学开发设计的英日两语同声传译语料库，博洛尼亚大学开发的欧洲议会口译语料库、同声传译方向性语料库，等等。口译语料库是口译教学与研究的一个新领域，也是提高口译研究质量的重要途径与方法，很多学者对此做了大量研究。

口译语料库不仅可以保存音视频，还能保存文本格式。从理论方面看，在根据研究目的与教学方案对口译语料库进行概念设计与系统框架的整合时，通常具有一定难度。从技术方面看，对口译语料库的建设存在语料的收集和整理、加工与标注、检索与分析等难点，对语料进行收集与整理时，要注意语料的去噪与转写。在语音识别技术还未被突破时，只能由人工将音视频资料转写给机器的可读文本。随着技术的发展，机器逐渐可以转写音视频，且在完成人工校对之后就可以进入下一步的处理了。如图 4-2-4 所示，在建设口译语料库时，可以将以下几个步骤作为参考，在此过程中的细节设计可以做出相应的改变，但改变要以研究目的与教学方案的设计为依据。

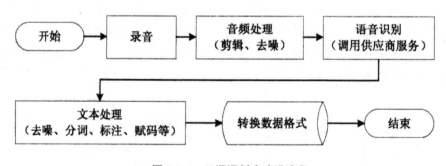

图 4-2-4 口译语料库建设流程

目前，对于音质清晰、发音准的音视频，科大讯飞可提供文稿和字幕时间戳格式，根据需要对语气词进行过滤，其转写准确率最高可达 95%。另外，科大讯飞的转写服务可实现将 1 小时音视频最快用 5 分钟完成出稿，大大提升了语料整理的工作效率。在方言和语种方面，讯飞支持粤语、四川话、东北话等 23 种方

120

言发音的转写；Transcribe 支持英语、西班牙语、葡萄牙语、中文、希腊语、阿拉伯语等 20 种以上的语言，Trint 支持多种不同的英语口音，还支持西班牙语、法语、德语、意大利语等十几种欧洲语言。Happy Scribe 支持 80 种语言，甚至支持同种语言的不同口音的转换，如中国用户可以选择转写普通话或粤语。

## 二、memoQ 译员专业版协作方法

### （一）memoQ 核心功能

memoQ 是一款可以在 Microsoft Windows 上运行的 CAT 软件。memoQ 将以翻译记忆技术为核心的计算机辅助翻译、机器翻译和翻译管理等功能融于一体，具有强大的集成翻译环境，其有翻译编辑器、翻译记忆库、翻译术语库、LiveDocs 语料库等众多核心功能设置。

#### 1.语料库功能

语料库功能将语料和翻译技术结合于一体，是翻译记忆库与内嵌对齐工具的结合体，其支持多种文件格式，充分利用语料资源，使得译员节约成本，提高翻译效率。译员可以导入单双语文档创建个人记忆库，再根据需要对齐后导出语料。

#### 2.翻译记忆库功能

翻译记忆库可以为译员提供创建不同记忆库的条件。翻译记忆库清晰明了的界面与功能为译员操作与修改软件提供了极大的便利。memoQ 的翻译记忆库功能还可以对资源进行修复，极大提高了译员的查询速度，与此同时，memoQ 还具备离线同步功能，这个功能可以将本地副本同步记忆库进行创建或更新。

#### 3.HTML 实时预览功能

memoQ 这个软件还具备一个非常有特色的功能,那就是 HTML 实时预览功能。在查找实时预览功能时，首先要打开文档找到中心翻译区，在中心翻译区的下方就是实时预览的视图面板。这项功能可以帮助译员在翻译文本与句段的同时浏览源文档句段的上下文，以便译员对原文进行即时编辑，并在翻译的过程中分割、合并句段，也便于及时掌握自己的翻译情况与进度，更好地排版设置翻译内容。

### （二）译员专业版协作方法

memoQ 译员专业版，顾名思义，主要是给译员使用的一个版本（图 4-2-5）。在翻译公司，译员的主要工作是接受翻译或审校任务、完成并提交任务。软件界面也体现了这一特点，常规任务区有四个快捷图标，包括从 memoQ 服务器签出项目、导入包进行翻译、新建项目（无模板）、新建项目（基于模板）。译员专业版也是自由译者使用最多的版本。在高校，这个版本一般是给学生使用。

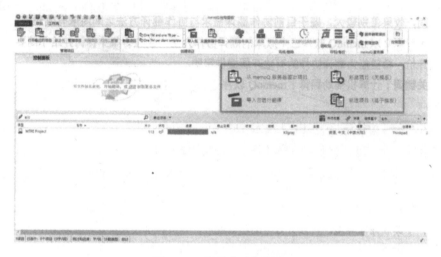

**图 4-2-5　译员专业版界面**

个人使用的软件版本原则上只能参与协作翻译而无法组织协作翻译，但是 memoQ 译员专业版可以新建项目，而且还有项目备份和还原功能，通过这两个功能可以变通地实现翻译任务的分配、翻译资源的分享和译文的更新。

### 1. 项目备份

项目经理或项目组长建好项目之后，无论是单文件项目还是多文件项目，都可以将整个项目备份。备份文件可以存储在本地电脑，也可以存储到"语言终端"，即 memoQ 提供的免费云空间中，或同时以两种方式存储（图 4-2-6）。

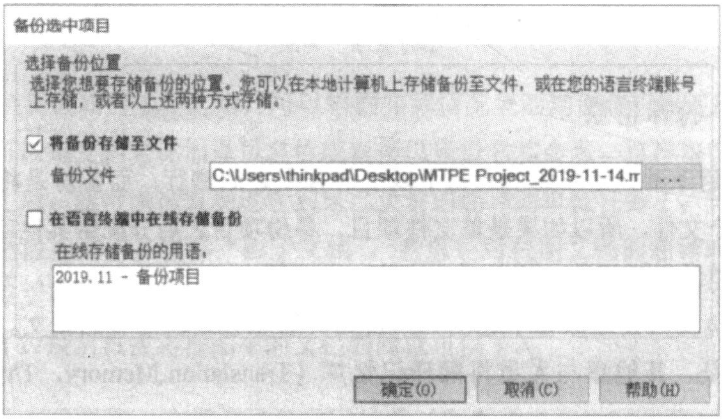

图 4-2-6　备份项目

2. 项目还原

项目负责人将备份的项目文件通过邮件或云端共享等方式发送给其他参与翻译的人员。译员收到备份项目文件之后，通过还原功能将整个项目导入 memoQ 译员专业版软件，不需要任何其他设置就可以打开文件进行翻译或审校。完成任务之后，同样需要将整个项目备份，然后将新备份的文件返给项目负责人。此时，项目负责人通过还原功能将返回的备份文件导入，导入时选择对应的项目，就可以实现对译文的更新（图 4-2-7）。

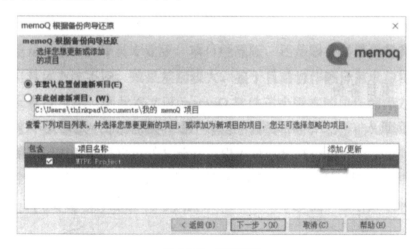

图 4-2-7　还原项目

3. 特殊情景

两个及两个以上的人员共同翻译一个文件就叫作协作翻译，而备份则是将一个项目中的多个文件打包成一个文件，因此，如果一个项目中只包含一个文件，在将项目备份之后将其分配给其他项目组成员时，需要在文件中标明每个人翻译或审校的句段范围。在 memoQ 中还会遇到另一个问题，就是项目负责人在对每个返回的项目进行还原时，前一个项目会将前者的译文覆盖掉。为了解决这一问题，项目负责人可以让参与项目的其他工作人员将翻译记忆库导出为 TMX 格式的翻译记忆库交换格式，再将转换后的格式发回给自己，然后再将收到的翻译记忆库文件导入原项目的翻译记忆库中，对翻译记忆库进行合并与翻译的预处理。在一个项目中包含多个需要翻译或审校的文件时，项目负责人可以根据实际情况将一个文件或几个文件拆分成一个新的项目，为这些项目建立相同的翻译记忆库与术语库，再将这些建立了翻译记忆库与术语库的新项目备份完成之后发送给相关的译员。译员在将分配给自己的项目翻译或审校完成之后，将项目返还给项目负责人，负责人再进行对应的项目导入，更新译文，这样就可以达到多文件协作翻译的目的了

除了上面提到的两种情景和处理方法，memoQ 译员专业版和项目经理版都有视图功能（图 4-2-8）。通过这个功能，可以实现多个文档的合并、单个文档的分割以及重复句段的提取等。

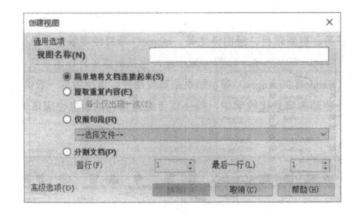

**图 4-2-8 创建视图**

项目负责人新建项目之后，可以根据实际情况灵活地创建视图，"视图名称"可以是文档名称加译员名称，或直接以译员名称命名，这样每位译员在还原项目

之后，就可以很直观地看到自己负责的翻译或审校任务了（图 4-2-9）。另外，视图中的文档是虚拟文档，也被称为"影子文档"，意思是对视图文档的翻译或审校将实时同步到原文档中，视图中的虚拟文档翻译或审校完成，也就意味着原文档也翻译或审校完了，最后直接将视图中的文档删除就可以了。

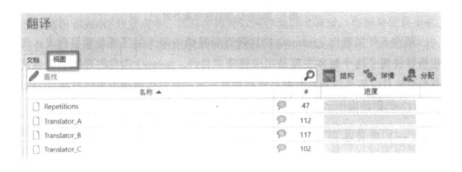

图 4-2-9　视图文档

## 三、译员使用 InterpretBank 术语管理

随着大数据、人工智能等新技术的发展，人们开始关注技术在翻译中的应用。译前准备是译员典型的职业行为特征，术语准备被看作译前准备的重要内容。

译员术语听辨困难、记忆困难、生僻术语来不及查询等都是他们在进行口译的过程中会遇到的术语翻译难题。为了解决这一问题，进行科学有效的术语管理是译员必须做到的。口译术语管理是一种实践活动，它是一项对口译资源进行管理的活动，其目的是使之能够满足人们对于术语口译的需要，对术语进行收集、描述、处理、存储、编辑、呈现、搜索、维护与分享等都是口译术语管理所包含的内容。而译员的职业翻译行为也是通过口译术语管理来体现的。

InterpretBank 是一个计算机辅助翻译工具，这个工具的开发为译员提供了一个更好的工作平台，不断优化其工作流程。在进行口译的过程中，译员不可避免地会遇到难以解决的问题，因此，这就需要开发团队针对这些问题不断开发新的功能，以便更好地帮助译员解决其遇到的问题。经过多年发展，该工具已经发展到了第六代，其核心模块包括以下几个方面。

### （一）术语表的创建与管理

InterpretBank 支持译员创建和管理基于单个口译任务的术语表。以"气候变化"（Climate Change）主题会议材料为例，译员输入会议主题，确认显示语言为英中双语后即可创建一个会议导向型术语表（图4-2-10）。除了常见的数据库功能，如数据过滤、合并等，该软件还集成了一系列功能以支持译员编辑新术语表，包括自动翻译、查找在线术语数据库等。

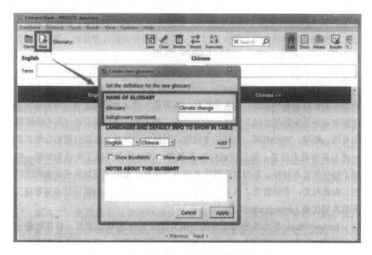

图 4-2-10　InterpretBank 创建新的术语表

为了区分相同术语的不同含义，译员可以用双重命名系统对术语表进行分类，如"领域＋子域"，或"会议名称＋领域"等。该功能可以帮助译员快速创建针对性更强的术语表，减少术语重复选择。与此同时，每次口译任务所创建的术语表都会保存在同一个数据库中，保证这些术语的循环使用。InterpretBank 不仅能帮助译员快速高效地做好译前准备，还为译后术语资源的完善与循环使用奠定了基础，有助于译员形成良好的术语管理习惯。

## （二）术语提取

在理想的译前准备条件下，主办方应该提前、主动为译员介绍会议情况，提供会议资料，并解答有关会议主题和专业术语方面的问题，这样能够保证译员的准备工作有效且充分。然而实际上，译前准备往往有所不同：由于会议组织者不重视译员工作、会议发言人未提前报到或没有准备讲话稿等原因，译员很难在会议开始前拿到相关资料。在这种情况下，口译员可以先在 InterpretBank 中输入少量术语，如会议主题词或领域名称，系统就会在网络语料库中搜索并自动构建相关的专业语料库，同时提取该领域最重要的术语和短语。其中不仅包括专业术语，还包括与主题相关的专有名词（人名、地名等）。如图 4-2-11 所示，译员在对话框中输入"climate change"进行搜索，可获得超过 600 个相关术语，耗时不到 30 秒。译员还可选择"导入的同时自动翻译"及"查找并保存术语定义"选项以获取更多相关的术语信息。该功能不仅可以帮助译员在无会前资料参考的情况下找到准备工作的切入点，实现译前知识及术语积累的从"无"到"有"，而且在一定程度上帮助译员积累语言知识。

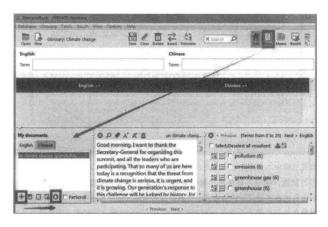

**图 4-2-11 InterpretBank 在网络中收集术语**

译员即使提前获取了会议资料，准备得非常充分，但在面对可能存在的海量信息与陌生的主题领域时，也会存在不知如何解决的情况发生。InterpretBank 的存在就是为了帮助译员解决这些问题。译员在接收到会议材料时，可以将会议材料以 Word、PowerPoint 或 PDF 格式上传至 InterpretBank，利用 InterpretBank 快速对单语、双语或多语的平行文本进行搜索，并将其中的术语提取出来，创建相应的术语表。现阶段，InterpretBank 支持英语、法语、德语、西班牙语、意大利语、荷兰语、葡萄牙语、波兰语和俄语这几个语种的术语提取。除此之外，该软件还可以与欧盟互动术语数据库（Interactive Terminology for Europe，IATE）这样的大型数据库相结合，共同创建多语术语表。如图 4-2-12 所示，若译员想要获得某个文档中与翻译主体相关的术语，可以通过将该主题会议的发言材料导入并选择"从所有文本中提取术语"的方式进行。

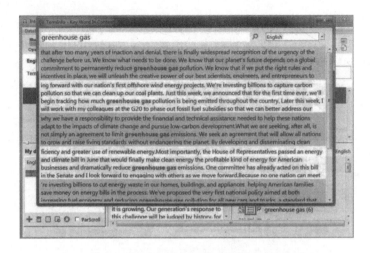

图 4-2-12　InterpretBank 自动提取术语

　　然而，由于不能脱离语境来谈术语的具体意义，所以译员在译前准备时，不能只依靠术语，而完全舍弃会议材料。针对这一点，InterpretBank 的术语提取模块支持自动建立会议导向型或主题导向型的小型类比语料库，译员就可以利用语料库检索工具进行搜索。

## （三）术语识记

　　在同声传译的过程中，译员不可能完全依靠查阅术语表来完成术语翻译，所以有效记忆、内化高频术语非常重要。为了帮助译员实现这个目标，InterpretBank 设置了识记模块，该模块能够帮助译员在译前直观地记忆相关术语或练习术语翻译。译员完成术语表创建后，点击"Memo"图标进入术语识记模式。识记前，译员可设置语言方向、显示速度、术语顺序及是否语音播放，术语的原文和译文就会在闪视卡界面交替显示（图 4-2-13）。在识记过程中，系统可以自动跟踪术语识记进度，优先考察识记度相对较低的术语。识记练习可以帮助译员快速完成双语术语转换，从而提高整体口译质量。需要明确的是，该术语识记法基于简化的"莱特纳系统"，仅适用于概念相同的完全对等术语。

**图 4-2-13　InterpretBank 术语识记**

## （四）会议口译模式

在同声传译的过程中对术语进行智能搜索的功能就是会议模式，这种模式对于减少搜索外部资源的工作量起着非常积极的作用。译员在进行同声传译的过程中，他们需要高度集中自己的注意力，在这时，如果遇到演讲者在演讲中频繁地应用术语，那么就会将译员的注意力全数吸引到对术语的处理中，从而无法对所要翻译的其他部分保持一定的精力，致使翻译产生错误甚至遗漏，这也会大大降低译员的口译质量。在译员的翻译实践过程中，通过观察我们可以发现，他们不可能记住在专业会议中使用到的所有术语，因此，他们通常都会在译前准备时将术语准备得面面俱到，而对不常见或专业度较高的词汇并不重视。这就要求设计计算机辅助工具时要考虑时间限制与译员精力分配的复杂性，以满足译员在进行翻译的过程中使用辅助工具进行复杂术语搜索的需要，这样也可以大幅度减少译员与机器之间的交互，有利于提高译员的工作效率。

在会议口译模式下，译员可以通过默认主题术语表搜索对应术语，也可以通过软件数据库和在线资源扩展搜索范围。同时，该模式使用模糊搜索自动纠错机制，避免译员输入词汇时出现拼写错误或避免保存在术语表中的词汇出现拼写错误。搜索结果会以符合人体工程学的方式显示，因此附加项目（如上下文、语法、示例等）在默认情况下不会出现。此外，会议过程中译员将一个或多个术语表上传到安全服务器后，即可通过任何移动设备如 iPad 或安卓平板电脑访问术语表，实现资源共享，这就能确保口译术语使用一致，增强译语的可听性和可信度。

例如，要查询"water degradation"一词的含义，译员仅需输入术语"water"的前三个字符"wat"，即可获得对应术语（图4-2-14）。与一般在线词典呈现的搜索结果相比，InterpretBank中的术语搜索结果与口译主题的相关性更高。同时，译员在搜索过程中不需更改拼写错误，无需点击回车键，也无需在海量的搜索结果中甄别，就能获取适用的翻译，这样可以在很大程度上减少口译过程中搜索所需的时间，避免译员精力饱和。

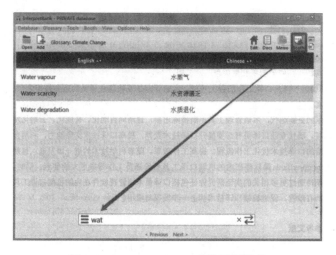

图 4-2-14　InterpretBank 会议口译模式

## （五）语音识别和自动翻译

随着人工智能的发展和机器翻译质量的提升，InterpretBank最新版中添加了自动语音识别功能。译员点击任务栏中的"会议口译"图标，选择"在线自动语音识别"即可进入语音识别界面。InterpretBank可以实时抓取、转写音频中的术语、数字和专有名词，同时还可以实时翻译术语。这样可以减少译员的记忆压力，辅助译员完成同声传译工作。InterpretBank还可以实现从语音到语音的自动翻译。需要指出的是，由于语料不够丰富，该软件暂时只能识别欧洲语言，不能识别汉语等其他语言。同时，现有技术也无法支持该软件在有噪声及回声的环境中准确识别和转化术语。未来，随着语料的丰富，以及自动语音识别技术的发展，InterpretBank的功能有望得到进一步完善。

# 第五章　翻译教学的理论与实践

随着时代的发展，我国的翻译技术与教育文化也得到了空前的繁荣，我国翻译教育事业的发展正在不断迈向新征程。本章的主要内容为翻译教学的理论与实践，共包含三节内容，第一节为翻译教学的基础理论知识，第二节为翻译教学的不同模式，第三节为翻译教学的实践应用与创新发展。

## 第一节　翻译教学的基础理论知识

### 一、翻译教学的理论基础

#### （一）比较语言学

19 世纪，在语言研究内部发展需求的推动下，在比较解剖学、生物进化学说等自然科学以及其他因素的影响下，语言学家开始将语言作为一个独立的对象进行研究，并使用历史比较的研究方法，形成了语言学史上第一个相对独立的学派——历史比较语言学。历史比较语言学是把两种或两种以上的语言放在一起加以共时比较，或把同一种语言的历史发展的各个不同阶段进行历时比较，以找出它们之间在语音、词汇、语法上的对应关系与异同的一门学科。利用这门学科既可以研究相关语言之间结构上的亲缘关系，找出它们的共同母语，或明白各种语言自身的特点对语言教学所起到的促进作用，又可以找出语言发展、变化的轨迹和导致语言发展、变化的原因。比较语言学起源于 18 世纪的欧洲，被广泛应用于 19 世纪的印欧语的研究中，并获得了较大的成果。

#### （二）结构主义语言学

在结构主义语言学的观点中，语言是一个抽象的符号系统，这个符号系统内部呈现出了独立性、自足性的特征。结构主义语言学还强调，从共时角度对各语言成分之间的关系进行描述可以更好地关注如语音、词素、单词、短语、句子等语言单位在整体符号系统中的地位。索绪尔是结构主义语言学的代表人物，他的理论对现代语言学产生了如下影响。

1. 为现代语言学的研究指明了方向

索绪尔为了让人们更好地认识语言的本质，不仅对语言的符号性质做了系统的阐述，还将语言学需要研究的任务——对处于单位系统与关系系统中的语言进行共时的结构描写与分析展示在人们面前，为人们明确了现代语言学的研究方向，为揭示语言结构的共时特点与规律奠定基础。20 世纪 20 年代末至 20 世纪 30 年代初，受到索绪尔理论的影响，语言学开始了对语言的共时分析，而不再只专注历时研究，结构主义的哥本哈根学派、布拉格学派、美国描写语言学派三大学派应运而生。他的理论在很大程度上也对伦敦学派、莫斯科学派以及系统功能语法、转换生成语法等产生了启发与影响。

2. 为现代语言学奠定了方法论基础

根据结构主义的基本理论，索绪尔对语言做出了几种相互关联的区分：语言和言语、共时和历时、内部和外部，并且提出语言各个层面的要素都存在着两种根本的关系，即对立与互补、组合与聚合。索绪尔的这些分析和思考不仅明确了语言研究的范围，而且确定了结构主义语言学的方法论基础。

## （三）社会语言学

语言是人类社会的特殊现象，也是最重要的交际工具，语言离不开社会，语言学必然也离不开社会学。人类语言的发展与社会发展密切相关、相互依存，语言不可能离开社会而独立存在，没有了语言，人类社会就会停滞。人类虽然有语言的生理本能，但离开了社会环境就会丧失这种本能，即语言习得也离不开社会。社会语言学就是研究语言及社会的相互关系、相互作用、相互影响的学科。它是指运用语言学和社会学等学科的理论和方法，从不同的社会科学角度去研究语言的社会本质和差异的一门学科。社会语言学的观点是，语言的最本质功能是语言的社会交际功能。海姆斯认为，社会化的过程是一个儿童习得母语的最好环境，这不仅能使他们理解本族语的习惯并说出符合语法的句子，而且能在一定的场合和情境中恰当地使用语言。1996 年，语言学家海姆斯提出了"交际能力"理论。他指出，交际能力是运用语言进行社会交往的能力，既包括言语行为的语法正确性，又包括言语行为的社交得体性；既包括语言能力，又包括影响语言使用的社会文化意识的言语能力。

### （四）行为主义心理学

行为主义产生于 20 世纪 50 年代的美国，华生和斯金纳是其代表人物。华生认为，人和动物的行为有一个共同的因素，即刺激和反应。心理学只应该关心外部刺激怎样决定某种反应，而不应去管行为的内部过程。他还指出，动物和人的一切复杂行为都是在环境的影响下由学习而获得的。斯金纳在其出版的《言语行为》一书中，提出了行为主义关于言语行为系统的看法。他认为，人类的言语、言语的每一部分都是由于某种刺激的存在而产生的。这里的"某种刺激"可能是言语的刺激，也可能是外部的刺激或内部的刺激。关于斯金纳的条件反射理论，下面举了一个非常恰当的例子。一个人口渴时会说："I would like a glass of water."斯金纳还指出，人的言语行为跟大多数其他行为一样，是一种操作性的行为，是通过各种强化手段获得的。因此，课堂上如果学生做出了操作性的反应后，教师要及时给予强化，若学生回答正确就说"好"或"正确"，回答错误就说"不对"或"错了"，这样学生的言语行为就会得到不断强化，发生错误的可能性就会降低，从而学会使用与其语言社区相适应的语言形式。语言学习是在不断强化的过程中形成的，当反应"重复"出现时，学习就发生了。

### （五）人本主义心理学

人本主义心理学的理论宗旨是"以人为本"与"以整体人为对象"。人本主义心理学在理论旨趣与思维方法上与行为主义心理学、精神分析学派都有着不同的观点，这也是心理学界将人本主义心理学称为心理学"第三势力"的原因。在人本主义心理学的理论中，存在以下四种观点。

①人本主义注重人的价值，对人所具有的主观性、选择能力与意愿给予了充分尊重。

②人的自我实现途径就是学习，学习能够对人性的形成起到促进作用。

③要充分尊重学习的主体——学生，任何有能力教育自己的学生都有权利被认为是一名正常的学生。

④在学生学习的过程中，人际关系是不可或缺的条件，它为开展教学活动营造了积极的氛围。

总而言之，语言学习既需要理论知识的传授，又需要实践活动的锻炼。在学生学习语言的过程中，交流信息、沟通思想是最根本的目的，为了实现这个目的，教师要经常与学生进行课上交流与课下互动。在人本主义的学习理论中存在一个最大的特点，即情感因素，因此，这就要求教师在对学生进行语言教学时，要坚持学生的主体地位，帮助学生实现自我价值，将"以人为本"的教学观念贯彻在整个教学过程中。

### （六）发生认识论

瑞士著名的心理学家皮亚杰在 20 世纪 60 年代初提出并创立了发生认识论，综合运用哲学、心理学、逻辑学、生物学等基本理论，研究什么是知识、知识从何处来以及认识的形成条件等，着重探讨知识的个体发展和历史发展，目的是建立能综合个体发生资料和种系发生资料的一般认识发展理论。该理论试图以认识的历史、社会根源以及认识所依据的概念和"运算"的心理起源为根据来解释认识，特别是解释科学认识。发生认识论主要研究知识是如何形成和发展的。

皮亚杰指出，不管人的知识多么高深、复杂，都是从童年时期开始的，甚至可以追溯到胚胎时期。所以，儿童从出生起，怎样形成认识，如何发展智力，它是受哪些因素所制约的，它的内在结构是怎样的，各种不同水平的智力、思维结构是按怎样的顺序出现的，这些都是值得探究和思考的问题。

### （七）建构主义理论

建构主义理论是由认知主义学习理论发展而来的，它从认识论的高度提出了认识的建构性原则，强调了认识的能动性。建构主义理论的代表人物有皮亚杰、科恩伯格、斯滕伯格、卡茨、维果斯基等。在皮亚杰提出的"认知结构说"的基础上，科恩伯格进一步研究了认知结构的性质与发展条件；斯滕伯格和卡茨等人强调人体的主动性在建构认知结构过程中的作用，并探索了认知过程中如何发挥个体的主动性；维果斯基提出的"文化历史发展理论"强调学生所处的社会文化、历史背景在认知过程中的作用，并提出了"最近发展区"的理论。这些研究进一步丰富和完善了建构主义理论，为理论更好地应用于教学创造了条件。

要坚持以学生为中心，使学生在教师的指导下学习，这是建构主义理论的基本观点。我们从这个观点中可以看出，相较于认为学生是外部刺激的被动接受者与被灌输的对象，建构主义更倾向于认为学生在信息加工环节是作为主体存在的，意义也是由于具备学生这个主体而建立起来的。在学生的学习过程中，教师不能一味地传授甚至向学生灌输知识，而是要帮助学生在自己的思维中建构学习的意义。20 世纪末，科学技术的发展有了较大的突破，逐渐成为建构主义理论学习环境的技术支持，在一定程度上实现了建构主义学习理论教学的设计思想。

### （八）二语习得理论

作为一门独立的学科，二语习得理论真正形成于20世纪70年代。该理论的主要代表人物是美国南加州大学语言学系的教授克拉申。克拉申是在总结自己和他人经验的基础上提出的这一理论。该理论共包含了五个假设，即习得/学习假设、自然顺序假设、监控假设、情感过滤假设和输入假设。

1. 习得/学习假设

根据习得/学习假设，培养外语能力主要有两种途径：习得和学习。习得是一种自然的方式，它是一种不被察觉的过程：学生在有意义的交际中，通过对语言的理解和使用，自然地形成使用语言的能力。而学习则是一种有意识地学习语言规则的过程。学习的目的是弄懂语言知识，并能表达出语言的规则。正确的学习方式能促使学习的发生，对错误的纠正有利于理解规则，但学习不能导致习得。

克拉申在研究二语习得方面对"习得"与"学习"两个概念做了详细的区分，并将研究的核心确定为认识"习得"与"学习"在习得者第二语言能力形成的过程中所起的作用。克拉申无论是在习得假设，还是学习假设中，都将学习与习得做了严格的区分。在他的观点中，习得是学生在无意识状态下没有教师的指导而获得语言的过程，即一种非正式的学习过程，而学习则是学生通过在课堂上有意识地学习而获得语言的过程，是一种正式的学习过程。

2. 自然顺序假设

经过学者的研究，我们可以了解到，第二语言的习得与第一语言的习得一样，也是有顺序地习得语言的。规则的简单与否并不是学生是否能够迅速掌握规则的决定性条件。在学生的习得过程中，并不一定会最先习得最简单的规则，这种自然顺序也同样存在于第二语言教学的课堂上。在外语学习的过程中，无论学生是否接受了较为正式的课堂教学，他们都会使用同一套方法甚至同样的顺序对第二语言进行习得。例如，在英语学习中，一般现在时的第三人称单数要在末尾加"-s"，这是英语学习中最为简单的规则，但在实际使用的过程中，即使是高水平的第二语言习得者也会出现错误的使用方法。

3. 监控假设

监控假设与习得/学习假设有着密切的关系，它体现了语言"习得"与"学习"的内在关系。语言习得系统（潜意识语言知识）才是真正的语言能力。而语言学习系统（有意识的语言知识）只在二语运用时起监控或编辑的作用。这种监控作用既可发生在语言输出前也可发生在其后。

需要指出的是，监控能否发挥作用还要取决于三个条件：

①要有充足的时间。

②必须将注意力放在语言形式的正确性上。

③需要知道如何运用规则。

4.情感过滤假设

"情感过滤"是一种内在的处理系统，它在潜意识上以心理学家称之为"情感"的因素阻止学生对语言的吸收，它是阻止学生完全消化其在学习中所获得的综合输入内容的一种心理障碍。

5.输入假设

输入假设也是由克拉申提出的重要的语言习得理论。他认为，只有习得者接触到"可理解的语言输入"，即比现有的语言技能水平略高，而他又将注意力集中在对意义或对信息的理解而不是对形式的理解上时，才能产生习得。这一理论的公式为：i+1（i 表示习得者现有的语言技能水平，1 表示略高于习得者现有水平的语言材料）。

克拉申的输入假设和美国语言学家斯温纳的输出假设是从两个不同的侧面来讨论语言习得的观点的，都有其合理成分，都对外语教学有一定的启示。与克拉申的输入假设不同，斯温纳认为，输出对二语习得的影响更大。斯温纳根据自己的"沉浸式"教学实验，提出了输出假设。她认为语言输入是二语习得的必要条件，但不是充分条件；要使学生达到较高的外语水平，除了靠可理解性输入，还需要可理解性输出；学生需要被迫利用现有的语言资源，对将要输出的语言进行构思，保证其更恰当、更准确，并能使被听者理解。这样既可以提高学生使用语言的流利程度，又能使他们意识到自己在使用语言的过程中存在的问题。因此，在外语课堂教学中，教师应给学生足够的时间和机会使用语言，以增强他们使用语言的流利性和准确性。

## 二、翻译教学的几对关系

### （一）教师与学生的关系

目前，国内翻译专业大多数的教师都毕业于外语专业，接受的是传统的翻译教育。传统的翻译课堂是什么样子呢？传统的翻译课堂多以教师的讲解为主，大多数情况下，学生只是被动地记笔记。教师在课堂上会通过句子实例讲解英汉两种语言之间的差异，以及如何从这些差异中总结规律，以便完成句子之间的转换。再者，教师还会在课堂上以灌输的方式来讲解一些抽象的翻译理论，然后用这些理论去对比译本，分析为什么这个译本比其他的译本要好，究竟好在哪里。

学生在课堂上进行过系统的学习之后，在课下做相关的翻译作业时，仍旧会存在不知道使用怎样的翻译技巧来完成任务的问题，只会凭感觉进行双语之间的硬性转换。教师在课堂上为学生总结的例句中的规律在他们的实际应用中也很少被用到，甚至他们凭感觉完成的作业也并不会出现原则性的错误。因此，他们通常认为在课堂中学的理论知识并不能为他们解决实际学习中遇到的问题，导致学生无法产生学习成就感，在一定程度上打击了学生的学习积极性。他们中的大多数都对理论性较强的翻译知识缺乏兴趣，这是因为他们不知道该怎样将自己学习到的理论知识应用在翻译实践中。当学生利用自己学习的翻译理论知识完成一篇文章的翻译之后提交给教师，让其帮助自己订正，教师可能会针对这篇文章提出许多意见，尽管这些意见都是正确的，但还是不可避免地会为学生增加挫败感，这就会向学生传递一个错误信号：译文只有一个标准答案，无论学生怎样努力都无法达成这种标准。

上学时接受的是传统的外语教育，工作之后又较少接触真正的翻译公司，缺少翻译实践经验，学科教育背景和工作经历使得这部分教师仍然以传统的方式进行翻译专业课的教学。而这种以教师为中心的课堂教学模式并不符合偏重实践的翻译专业的教学要求，这种模式培养出的学生与翻译市场的实际要求相去甚远。要想让课堂教学实现质的飞跃，适应翻译专业以培养翻译能力为目的的要求，首先要改变这类教师对师生关系的理解。

要明确在翻译专业的课堂上教师与学生之间应该保持一种什么样的关系，首先要明确翻译专业的培养目标，目标决定了师生交往的发展方向。翻译专业培养的是高级翻译人才，为了实现这一目标，翻译教学就要以培养、评估、发展学生的翻译能力为主。

1. 组织者与参与者

翻译教师是课堂活动的组织者，学生是课堂活动的参与者。组织者与参与者这两个词听起来与传统课堂上的师生关系有相似之处，但两者有本质上的差别。

第一，在传统的翻译课堂中，教学过程往往以教师的"教"为主要内容，教师是整个课堂的中心，决定课堂的进程与教学的方向。而学生在这样的课堂中非常被动，只能靠教师在课堂上向其灌输知识来达到学习目标。第二，在传统课堂中，教师作为唯一具备知识与真理的人，能够主宰学生的一切。第三，在传统课堂上，教师与学生基本上没有互动，相互之间的交流非常少，只有在学生提出问题的时候，教师才会针对问题本身做讲解，就更别提学生之间的交际了。

而在当代的翻译课堂中，教师应当是组织者。教师不再是课堂的主导，他要做的是为学生的翻译学习创设不同的情景，并组织、安排、控制好课堂教学的各个环节。在各个教学环节中，学生也不再处于被动的地位，他们变成了主动的参与者，可以积极地参与各个环节的教学活动。首先，为了完成教学活动中提出的任务，他们要主动学习知识，找到多种解决问题的方法。其次，学生可以选择学习哪些知识以完成教学任务，在遇到问题时，教师并不是唯一的求助对象，解决问题的方法也不只有一种。教师可以帮助学生解决问题，引导学生找出自己的不足，但教师不再是最终的裁判。最后，教师组织的课堂活动要鼓励师生、生生之间通过交流、合作来互相学习、合作完成。师生、生生之间的交流不是单向的，而是双向。教师设计的课堂教学活动要参考"最近发展区"理论，同时要求学生通过交流、合作来完成。

在翻译教学中，要明确教师与学生的关系，教师是课堂教学的组织者，而学生是课堂教学的参与者，在教学过程中，要始终以学生作为课堂的中心，注重培养学生的交际能力。翻译实质上就是一种交际活动，作为一名翻译，首先就要树立交际意识，并在交际过程中充分了解有可能影响到良好交际关系发展的各种因素。要注意，在教学过程中贯彻以学生为中心的原则并不代表事事都要顺着学生，教师的角色仍旧是课堂的组织者，他们在课堂中的作用是引导学生学习，保证课堂教学的各环节顺利进行，并使整堂教学能够完成教学任务、达到预期目标。在课堂教学过程中，如果学生的学习偏离了原定的教学轨道，教师就需要发挥自己组织者的作用，把握学生学习的整体方向。有人将课堂教学比喻成一场会议，而教师在这场会议中的身份是主办方，学生则是会议的参与者，主办方有义务保证会议的顺利进行，而参会者则是参与会议的主角。

2. 引导者与学习者

在开展翻译教学的过程中，学生的进步需要教师的引导，这是教师不可避免的责任。学生也要意识到自己在课堂教学中的定位，即虽然课堂教学以学生为中心，是课堂活动的主角，但是学生仍旧需要教师的引导才能够系统、科学地将知识转化为自身的能力。

教师作为课堂教学的引导者，要将如最近发展区理论以及翻译能力的构成要素、理论模型、获得顺序及阶段等与翻译能力相关的理论掌握好，在为学生设计教学内容与教学任务时，这些理论知识与学生的特点就是最可靠的依据。在设计教学任务与内容时，教师要考虑以下几个因素。第一，设计出的教学内容与教学任务是否贴合最近发展区的思想内涵，以及内容与任务之间是否具有连贯性与延续性。第二，在设计翻译任务的时候是否能够体现翻译的交际性，以及是否能够为学生提供互动场景。第三，在设计时要把控各个教学环节的时间。第四，为学生设定一个任务标准，当学生完成翻译任务之后，要及时为学生提供反馈。

3.评估者与进步者

课堂教学的组织、学习过程的引导并不是一个静态的过程，而是一个动态的过程。教师设计的教学内容与课堂活动并不是一成不变的，也不是适用于所有的学生。教师需要根据学生的完成情况及时对下一环节进行调整。科学调整建立在对学习进程恰当评估的基础之上，评估之后还要把结果及时反馈给学生，这样才能帮助学生不断进步。

教师评估的内容主要包括以下四个方面：①教学内容是否适合学生翻译能力的发展阶段；②学生完成任务的质量是否达到了预期标准；③学生出现错误的原因是什么；④帮助学生改正错误的教学内容是否适合学生。

## （二）教学与实践的关系

理论与实践的关系历来是个仁者见仁、智者见智的问题。对于它们的理解总是有着各种不同的见解，并且随着时代和环境的变化而变化。它们的关系体现在高校教育上，就是理论教学和实践教学之间的关系。同时，理论教学和实践教学都是大学教育中不可缺少的部分。从马克思主义哲学角度进行理解。理论源于实践，又对实践具有反作用，实践是检验真理的唯一标准。这句话大家都学过，但是在教学实践中，部分教师或学生往往又走向片面，偏向于理论或实践。理论教学应该在实践教学的支持下进行，促进学生对理论的理解不只是枯燥的宣讲和公式推导。实践教学不应该是按照实验大纲和操作步骤的机械操作，而应该是抱着印证理论知识的目的去实践。这样的理论教学和实践教学才能有所收获。理论教学与实践教学服务于人才培养的总体目标，在实现总体目标的过程中，理论教学与实践教学实现各自的功能，这个实施过程是通过交叉互补方式实现的。

在传统的翻译教学中，教师通常只重视学生的翻译结果，而很少关注学生的翻译过程。教师在判断学生是否能够理解原文时，只需要看学生对文章的翻译情况。教师在浏览学生的译文时，会对学生的译文在心中形成自己的一套评判标准，如语句是否通顺、文笔是否优美等。在教师的心目中，学生的译文似乎怎样都不够完美，因此，教师会在指导学生翻译的过程中提出许多意见。久而久之，教师的这种方式就会极度打击学生的自信心，使其无法获得成就感。

在我国，最初翻译并不是一个独立的专业，而是属于语言文学专业中的一个分支，并没有非常明确的培养目标。而随着社会的发展与外交的要求，翻译在我国已经形成了一个非常系统的体系，我国也为翻译人才的培养确立了较为明确的目标。2012 年，我国高等教育出版社出版了图书《高等学校翻译专业本科教学要求（试行）》。这本书中提到，翻译教学要注重课堂理论教学与课外实践教学的结合，使实践能够为学生巩固课堂上所学到的理论知识，为学生翻译能力的培养与进一步发展提供了可能。此外，学生的实践活动要建立在课堂上的学习内容的基础上，使开展的实践活动能够为学生在教学活动中遗漏的知识进行补充。《翻译硕士专业学位研究生教育指导性培养方案》（以下简称《培养方案》）由全国翻译专业学位研究生教育指导委员会（以下简称"教指委"）发布，并于 2011 年进行了修改。我们可以在《培养方案》中发现，每一个考取翻译硕士学位的学生都要进行翻译实践。《培养方案》还提出了在毕业之前，笔译学生至少完成 15 万字、口译学生至少完成 400 磁带时的要求。教指委还下发了一个对于开设翻译硕士专业院校的评估文件，文件中指出，笔译专任教师与口译专任教师的实践量为每三年 20 万字与每三年 30 场次。

翻译专业的定位很清楚：注重实践、培养应用型人才。这里的实践既包括教师的实践，也包括学生的实践。教师应该处理好教学与实践的关系，既要完成教学任务，又要完成自己的口笔译实践任务，同时还要指导学生完成口笔译实践。

1. 教师的实践是教学符合标准的基础

翻译专业与语言文学专业的培养目标不同，这决定了两类专业的任课教师，特别是高年级专业课的任课教师需要满足不同的条件。翻译专业的教师除了需要具备语言文学专业教师的能力和素质之外，还需要有翻译实践的能力、经历和经验，同时还要与千变万化的翻译行业接轨，熟悉翻译市场。简单地说，翻译专业的教师既要完成教学和科研任务，同时还要完成翻译实践任务，教学、科研、实践三方面并重。教师自身有翻译实践经验，是翻译师资的硬指标，是培养应用型翻译人才的必备条件。

教育部对翻译师资有着硬指标要求，为了达到这些要求，部分高校在教师上岗时就对其实践量做了相应的要求，并对已经入职的教师进行定期考核。还有一部分高校在选择师资的时候，要求翻译教师不仅具备高等教育的教师资格证，还要拥有全国翻译专业资格（水平）考试（以下简称"CATTI 考试"）二级笔译或口译资格证书。目前，我国大部分高校都要求自己学校的教师定期参加翻译培训，通常这些翻译培训都由教指委组织。以上种种举措都是为了鼓励翻译教师积极进行翻译实践，使其满足教育部对翻译师资的要求。

2. 教师的实践是教学与时俱进的保障

翻译教师所体现出来的与时俱进包括两个方面：①跟进教学的最新发展趋势；②跟进翻译市场的最新发展趋势。

传统的翻译教学以教师为中心，以结果为导向，只关注学生最终的翻译结果——译文，而忽视了学生的学习过程，使学生无法在学习过程中将教师讲解的知识内化为翻译能力。以这种模式培养出来的学生很难达到翻译市场对职业译员的要求。

为了解决这一问题，翻译教学进行了翻天覆地的改革，翻译教师需要在教学中与时俱进，紧跟教学改革的潮流。目前，翻译教学出现了以下四大最新发展趋势：①翻译教学从以教师为中心向以学生为中心过渡；②翻译教学者开始探索译者的大脑机制；③翻译教学与翻译研究紧密结合；④外语教学与翻译教学的关系更加明确。其中前两项发展趋势与教师的翻译实践关系最为密切。

要想使翻译教学真正实现以学生为中心，翻译教师必须具备非常丰富的实践经验。从以教师为中心到以学生为中心，学生在课堂上拥有了更多的自主权。学生也可以开始根据自己的兴趣对授课材料进行选择，而并不是教师用什么资料学生就要学习什么内容。要求教师具备足够的实践经验就是要使教师能够为学生所挑选的翻译材料进行译前指导，例如，教师可以在学生提交译文之后为学生讲解翻译此类文体应注重的问题，以及为学生分析此类文体原文与译文的语言特征。若教师缺乏相关的实践经验，就会导致无法为学生提供较为全面的指导，在学生在翻译过程中遇到背景知识不熟或术语不通等问题时，也不能为学生提供解决问题的方法。实践证明，缺乏经验的教师在对学生的译文做评价时，往往会缺乏客观性，甚至会为其做出错误的评价。

只有拥有丰富的实践经验，翻译教师才能做好探索译者大脑机制的研究工作和教学工作。翻译是一种隐秘的认知活动，外人能看到译员译出来的文字，却观察不到译者的各个思考环节，而弄清译员的思维机制对提高翻译教学质量有很大的帮助。国外翻译教学领域的学者已经使用有声思维的方法研究译者在翻译过程中的思维机制，并对其进行分析，找出译者在翻译过程中的思维机制规律。除了可以把其他学者有关有声思维的研究成果应用于课堂教学之外，有丰富实践经验的教师本身就是有声思维最好的研究对象，他们可以把自己在翻译实践过程中解决难题时的思维方式直接传授给学生，让学生掌握类似的思维方法并结合实际的翻译任务加以运用，以此提高学生的翻译水平，提高翻译课堂的教学效率。

翻译市场的发展与变化是翻译教学必须关注的。如今，世界多元化发展格局正在形成，中国与世界的联系也逐渐增强，翻译行业的发展离不开中国加入世界贸易组织，成功举办夏季、冬季奥运会等事件的推动。翻译体裁与翻译技术在中国综合国力不断增强的同时也在发生着许多变化。之前的翻译体裁都是以文学作品为主，而现在，非文学体裁的翻译任务也在逐渐增多。翻译技术的发展也为译者提供了更好的工作环境，译者在工作时不再是一个人，而是形成了团队合作的工作模式。各种翻译软件与管理平台如 SDL Trados、MemoQ、YiCAT 等的出现也为译者进行团队间的默契合作提供了物质条件。因此，翻译教师要想增强自己的竞争力，使学生在自己的引导下发挥出更高的翻译水平，就要不断丰富自己的翻译实践经验，熟悉现阶段市场中的热门翻译体裁与翻译技术。

与文学作品的翻译不同，非文学体裁的翻译并不以优美为标准。非文学体裁的翻译标准是准确地传递信息，文体符合专业领域的要求。当今世界，科学技术的发展速度超过以往任何一个时代。为了准确地传递信息，译者要对原文内容涉及的背景知识有所了解，对术语的翻译要紧跟行业发展的趋势，甚至在某些时候还要创造性地翻译新出现的术语，译文文体风格也要符合行业习惯。背景知识的获得、术语的确定、文体风格的把握，是很难从课本中获得的，需要在丰富的实践基础上进行经验总结，同时也需要通过师徒传授的方式加以传递。

教师对于翻译技术的掌握可以在翻译实践中实现。由于翻译技术不断发展，如今的翻译任务（如译前处理、术语统一、译后编辑、质量控制等）大多都在翻译管理平台上以团队合作的模式进行。译者为了提高自己的工作效率，有时会使用计算机辅助翻译工具进行翻译。在使用管理平台与计算机辅助翻译工具时，以及在译前准备与译后整理的环节，技术手段都是必不可少的。现在关于翻译技术方面的书籍层出不穷，但教师需要掌握这些翻译技术，不能只靠书籍增长理论知识，而是要靠实践。在翻译市场中，一名缺乏翻译技术实践经验的教师是无法立足的，在翻译产品的运作流程上也会存在许多劣势，在面对学生在实践中遇到的种种问题时，也无法利用自身的翻译技术来为学生做解答。

### 3. 学生的实践是教学内容的组成部分

重结果、轻过程的教学方法缺乏对学生的科学引导。学生只看到了自己所犯的错误，却很少去推敲、思索自己的译文与好的译文之间的差距，教师对优秀范例的讲解往往也难以给学生留下深刻的印象，因为学生并没有把教师的讲解内化为自己的翻译能力。这可能会导致同一个错误反复出现，而学生自己对此却毫无察觉。

从心理学的理论来讲，知识可以分为三类：结构良好领域的知识、结构不良领域的知识、结构精细领域的知识。结构良好领域的知识指那些以概念和技能为基础的知识，比如物理题、数学题算是结构良好领域的知识，解题时有明确的规则，基本可以直接套用法则和公式，只要掌握好相应的概念，通过大量的练习和反馈，就能熟练掌握这类知识。而写一篇作文、策划一项活动、经营一家公司所需要的知识则属于结构不良领域的知识，在解决问题时，不能简单套用原来的解决方法，而是要在原有经验的基础上重新做具体分析，建构新的理解方式和解决方案。为了掌握结构不良领域的知识，学生需要理解知识点之间的相互联系，综合运用各种知识点，并在此基础上进行深入、灵活的加工才能解决问题。结构精细领域的知识更加复杂和丰富，主要包括图式化的模式知识。

在翻译活动中，不存在固定的法则与公式，因此，翻译知识也就不存在可以被简单图式化的过程。我们可以通过实践看出，由于翻译活动无法被非常准确地预测，翻译活动中所应用的知识自然也就属于结构不良领域的知识，而教师在为学生教授这一领域的知识时，要非常注重学生是否能够真正理解，并对学生进行不断的引导；学生对于结构不良领域知识的掌握需要经过大量具体问题的磨炼。

教师只有将学生的翻译实践作为授课的主要内容，才能切实提高学生的翻译能力，而不能只以现有的译文作为授课内容。学生会在真实的翻译实践活动中将各个零散的知识点串联起来，将各个具体问题经过知识点的加工做出正确的分析。

译前阶段、理解阶段、译中阶段和译后阶段是翻译实践过程中必不可少的四个阶段。译前阶段是对翻译情境的创设阶段，在翻译活动的各个阶段，有许多情境因素都能对其产生影响，如原文与译文的用途、译文的具体要求、平行文本的文体特征、原文与译文的文体特征、原文与译文的篇章结构等。理解阶段是翻译活动中不可或缺的一个阶段，译者要想将自己翻译出的文章做到准确无误，就必须在这个阶段准确把握原文。并且教师在这个阶段也要帮助学生着重解决在理解原文的过程中遇到的术语、文化知识与认知图示等问题，为提高翻译的效率与质量，教师还要引导学生尽量多地使用阅读技巧。译文语言的高质量是翻译过程中始终要注意的，想要有效提高译文的语言质量，就要重点关注在翻译过程中出现的如何处理负迁移以及翻译中遇到的表达难题，如何在词汇、短语和句子层面体现译前阶段创设的翻译要求，以及如何确定宏观翻译策略等问题。学生对于翻译过程中的知识与技能的掌握只有在真实的翻译实践环境中才能实现。译后编辑、译后校对与译后反思是译后阶段的三个主要环节，在译后编辑环节，学生能够学习关于文档处理的技巧，并将文档处理成客户所需的样子；译后校对与译后反思可以对学生职业意识的养成起到促进作用，并帮助学生树立职业信心，也有益于培养学生的专业判断力。

### 4. 学生的实践是检验教学质量的指标

在教学理论层面，《翻译专业本科教学质量国家标准》高屋建瓴，制定了多个层次的详细的教学质量标准，其目的就是要保证翻译专业的培养质量，其中一条就是重视实践环节、加大实践量。翻译本科专业的教学需要处理好理论教学与实践教学的关系，要加大口笔译实践教学的比重，特别是实践等教学环节，还要培养学生的创新意识和实践能力。在就业层面，翻译专业的毕业生直接与翻译市场对接。CATTI 考试侧重考查翻译实践能力，是译者通向翻译市场的敲门砖。没有做过大量翻译实践的译者，很难通过该项考试。目前，很多学校非常重视翻译专业本科生和研究生的翻译实践质量，要求学生参加 CATTI 考试，甚至非常重视 CATTI 考试的通过率。就像英语四六级考试的通过率是检验英语专业教学质量的指标之一一样，CATTI 考试的通过率是检验翻译专业教学质量的指标之一。有很多翻译本科专业的学生在毕业之前已经通过了 CATTI 三级口 / 笔译考试，甚至是二级口 / 笔译考试，大部分翻译硕士研究生在毕业之前已经通过了二级口 / 笔译考试。

走向职场之后,翻译专业毕业生的翻译实践质量直接决定着他们的发展前景。随着中国国际地位的提升,国际交流日益频繁,需要有更多的专业翻译人才参与到国际交流之中。翻译行业比较特殊,行业的发展对人才的依赖程度比较高。译者的口碑非常重要,一旦与客户建立了合作关系,得到了对方的认可,就有可能发展为长期的合作关系。利益最大化是企业追求的目标,因此对翻译公司而言,译者的选择至关重要,必须以译文质量为先。所以,翻译专业毕业生的译文质量直接决定着他们的发展前景,而毕业生的就业前景也直接反映了翻译专业教学质量的好坏。

## （三）知识与能力的关系

知识教学与能力发展这两者是存在内在联系的,在教育界讨论这两者是属于实质教育还是形式教育时,引发了不少争论,但我们可以看出,无论是实质教育还是形式教育,都不能只关注教师对于知识的教学或只关注学生的能力发展,这样就将两者之间存在着的联系切断了。翻译教学发展至今,已经有许多人认识到了对于先前理论的分析非常片面,因此,他们试图从不同角度使用各种方法解决片面认识的问题,将知识教学与能力发展联系起来,开始探索知识教学对学生能力发展产生的积极影响。

在教学中,知识与能力的关系就是知识教学与能力发展的关系。各个不同学科知识的教与学就是知识教学的主要内容,对于知识的实践与应用也是知识教学中的内容。一般能力的发展与特殊能力的发展（其由不同学科、不同知识内容所促进）共同构成了学生的能力发展。知识与能力之间存在差别,知识可以独立于个体存在,而能力却是要以个体的存在为前提的,知识与能力在教学过程中虽然极为统一,但实际上或许会比我们已经认识到的它们之间的关系复杂得多。

### 1. 知识与能力的概念

知识与能力是两个不同的概念。知识是客观事物的固有属性或内在联系在人的头脑中的一种主观反映。事物是客观的,其内在联系也是客观的,但知识是主观的。能力通常指完成一定活动的本领,既包括完成活动的具体方式,也包括完成活动所必需的心理特征。

知识就是力量,这体现出了人类对知识的重视程度。知识是人类进步的阶梯,人类之所以能够发展到现在的状态,是不断积累知识的结果,没有知识,就没有人类的发展。知识也是能力的阶梯或载体,没有知识,就没有能力提升的基础。

从教学经验来看，知识的掌握程度与能力的发展程度不一定同步，两者之间存在着一定的差距。有的学生既掌握了丰富的知识，又有很强的解决问题的能力，在这种情况下，知识的掌握程度与能力的发展程度基本一致。有的学生只是靠死记硬背掌握了丰富的知识，但可能只是掌握了表面性的知识，并未形成知识框架，这就导致其解决问题的能力比较差，不能把学到的知识应用到解决实际问题当中。

能力并不会随着自身知识的增多而理所当然地向前发展，即它的发展并不是一个自发的过程，只有在一定条件下才能实现知识与能力的相互转化。学生只有将自己所学到的理论知识运用在实际的情境中，才会将知识转化为自身的能力，从而达到自身能力的发展，因此，对知识的实际应用就是对所学知识进行迁移的过程。只有实现了对知识的迁移，才会将自身的能力不断提高，若学生在学习的过程中只会死记硬背，而不重视对知识的迁移，也不善于在实际操作中运用自己掌握的知识，自然也就会阻碍自身能力的发展。

2. 翻译知识与翻译能力的关系

翻译教学应处理好知识与能力的关系，既要重视知识的传授，又不能忽视了能力的培养。翻译专业的教师需要给学生讲解多方面的知识，包括双语语言知识、双语文化知识、杂学知识、专业知识、翻译理论知识、翻译技术知识等。

翻译专业培养的是学生的"翻译能力"，但学术界对这一概念的认识不尽相同。翻译能力是翻译活动中必备的能力，是先天固有与后天培养的混合物，它包括多种子能力，一种子能力会发展成另一种子能力。此外，翻译能力是一种在自动化处理和控制化处理之间灵活转换的能力，可以通过完成各种不同的任务去培养。翻译能力是一种建立在丰富知识基础之上的专家知识，具有范畴化、抽象化的特点，这种能力虽然存在于潜意识中，但可以外化，是一种能够用于解决实际问题的复杂的知识体系。国内学者也对翻译能力这一概念进行了研究。有学者认为，翻译能力的发展具有阶段性的特点，每个阶段有不同的特征，教师需要根据不同阶段的特征制定相应的教学任务、选择教学内容和方法，翻译能力最终表现为技能的自动化，它还对各阶段的翻译能力进行了整合（图5-1-1）。

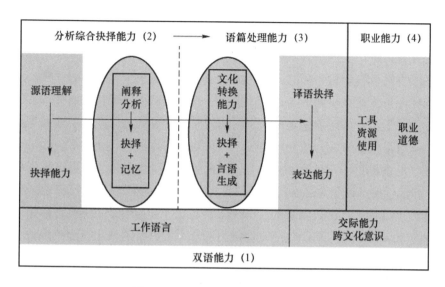

**图 5-1-1　职业翻译能力构成整合图**

如今，西方的翻译能力模式有以下几种，分别是以语文能力为中心的翻译能力模式、多元要素翻译能力模式、专业领域翻译能力模式与最简翻译能力模式。除此之外，西方的翻译能力研究体系还存在以下六个特点，即重视双语语言能力、重视翻译技术能力、重视翻译服务能力、关注专业领域翻译能力与不断完善要素构成、注重应用。翻译能力的诸特点决定了在进行翻译教学时，以学生为中心的教学理念是非常重要的，为培养学生的翻译实践能力、综合翻译能力与职业素养，就必须以实践教学的方式提升学生的翻译理论水平。

在对学生进行翻译教学的过程中，无论是何种翻译形式的教学（如口译、笔译），也无论是何种教育阶段的教学（如本科、研究生），都以培养学生的翻译能力为最根本目的。学生只有牢固地掌握了与翻译相关的理论知识，才能为以后翻译能力的提高奠定基础，学生翻译能力的提高不能仅仅靠学生自身的努力，对于学生翻译能力的培养，还需要许多翻译专业的优秀教师共同完成。翻译专业的教师在培养学生的翻译能力时，要根据不同学生所处的不同培养阶段与所具有的不同子能力的特征进行相应的分工协作。

目前，我国学者已经完成了翻译能力理论的研究，并且对于翻译能力指标体系的可操作性、可对比性与可量化性做了相应的教学实践。有些学者还将翻译能力的构成模型与翻译能力的各阶段特征从翻译硕士专业项目化的翻译教学实践中提炼了出来。

### （四）测评与教学的关系

测评是一个广义的概念，包括评估和测试两类。评估包括收集学生对教学内容、教学方法、教学材料等的反馈意见，还包括收集学生对教师的评价、学生自评、同伴评价、计算机评价等方面的信息。教师可以借助现代化的技术手段收集评估方面的信息，如问卷调查网站、网络教学平台中的测试或互动功能等。测试主要是检查学生翻译能力的发展情况，是重要的测评种类。

教学的终极目标不是为了应付考试，而是培养学生的能力，翻译教学更是如此，培养学生的翻译能力是翻译教学的终极目标。但教师不能忽视的一个问题是，翻译能力也是通过测试来测量的，CATTI 就是翻译职场的准入资格考试，这项测试是对参试人员口译或笔译双语互译能力和水平的评价与认定，简单地说，这项考试测试的是翻译能力。为了帮助翻译专业的学生通过 CATTI 考试、顺利走入翻译职场，翻译专业的教师需要正确处理好测评与教学的关系。

在讨论测评与翻译教学的关系之前，需要先明确两个概念：翻译质量评估和翻译能力评价。二者之间存在一定的差别，翻译质量评估只评价翻译产品，而不考虑翻译过程；翻译能力评价则是利用翻译产品和其他工具对译者的翻译能力和翻译水平进行测试，翻译产品是反映译者翻译能力与翻译水平的指标之一。这里举一个例子来说明一下翻译质量评估与翻译能力评价之间的差别。在翻译质量评估中，如果译者的翻译产品出现了排版错误，那就是比较严重的错误，然而，在翻译能力评价中，与其他错误相比，排版错误的严重程度可能要低一些。

翻译教学的终极目标是培养学生的翻译能力，而学生的翻译能力又是通过 CATTI 考试来测试的，因此教师在教学过程中要以 CATTI 考试为标准，同时又要在教学过程中科学地设计各种阶段性的翻译能力评价测试，并结合各类评估结果，把测试中的诊断信息反馈到教学之中，根据测评结果对翻译教学的现状进行准确的描述，并把相关测评信息用于对翻译教学，对教学内容、教学材料、教学方法、教学效果等的宏观指导、管理和监测。

1. 成功的翻译教学需要通过分析测评结果去获得

在教学过程中，教师要通过对测试结果的分析了解学生对翻译知识、翻译技巧、语言知识、文化知识、原文理解、百科知识等的掌握情况，并通过评估结果分析学生对教学内容、教学材料、教学效果等的反馈意见，了解学生对当下所使用的教学方法的适应情况，然后及时调整并改进教学内容、教学材料和教学方法，以提高教学效果。

　　教师在教学过程中务必摒弃错误的使用测评结果的方法,正确使用测评结果。在对学生的教学效果进行测评之后,教师要认真分析,从测评结果中发现学生的优势与劣势,以测评结果为标准,科学评估学生当前的学习状态。教师在分析测评结果时,要全方位反思教学内容、教学材料与教学方法,分析在教学过程中有哪些值得改进的地方,正确使用测评结果。不正确使用测评结果的表现有:未对学生在测评中的表现进行仔细评估;只依据自己对于学生的主观印象为其打分甚至以此为依据对学生进行奖惩;未将学生的反馈意见提升到一定的高度并重视起来;不对测评结果进行反思;等等。

　　一般来说,教师需要对测评结果进行细致的分析。横向分析与纵向分析是教师在对学生的测评结果进行分析时需要重点关注的。横向分析就是学生与学生之间的横向比较,其能够体现出不同学生在同一个测试中对于不同构成要素的表现。在对学生进行横向比较之后,教师要对学生翻译能力构成要素的掌握情况有一个大致的了解。教师可以根据学生对各构成要素的掌握情况适当调整各要素在之后的翻译教学中所占的比例。纵向分析则是将同一个学生在不同测试中的情况做系统研究,有利于更直观地观察到学生个体的翻译能力的发展。由于翻译实践教学多数是在教师的指导下进行的,因此,教师要大致了解每一位学生的翻译能力,对个别落后的学生予以更加严密的关注,使其能够得到更加具有针对性的指导。

　　2. 科学的测评需要基于教学现状设计

　　翻译能力测试的设计是翻译测试的难点,需要教师有针对性地设计题目,从而检测学生翻译能力的发展情况。

　　就测试内容而言,翻译能力测试可分为知识测试和能力测试两类。知识测试主要测试学生对原文的理解是否正确,译文的表达是否符合目的语表达习惯,百科知识的掌握是否全面、正确,是否掌握了文体知识,是否掌握了翻译技术等。知识测试可以设计成独立的题目,每道题目测试单一的知识点。而能力测试则需要教师设计真实的翻译实践测试材料,让学生在真实的情境中完成。

　　测试标准主要包括四点:经济性、相关性、可接受性和可比性。经济性是指测试要用最少的题目获得最多的有关学生能力的信息。虽然翻译能力有多个构成要素,但测试的题目不宜过长。题目要经过教师的精心设计,最好以最短的篇幅测试最多的翻译能力构成要素。相关性是指测试的内容应与课程的教学目标、教学大纲保持一致。课程的教学目标分为最终目标和阶段目标两种。教师应把教学的最终目标切分成合理的阶段目标，阶段测试要与课程的阶段目标保持一致，最终测试要与课程的最终目标保持一致。可接受性是指被测试者能够接受测试的内容，认为测试内容能够反映出他们是否取得了进步。可比性是指参与同一个测试的水平相当的不同学生能够取得大致相同的结果。教师在设计翻译能力测试时要充分考虑上述四个标准，让翻译能力的测试结果成为描述、反映教学现状的重要指标。

一个好的测试结果是由高质量的测试与可信度较高的评价标准构成的，这种测试结果也会对翻译教学起到良好的促进作用。要注意测试的评价标准与测试的考查内容之间的关系，在测试开始前，学生要明确这场测试的目的，还要了解教师对他们在这场测试中所抱有的期望。教师在对学生的测试给出评价时，既可以只给总体分数，也可以按照学生在各要素中的表现分别打分，继而计算出一个最终的分数。

如果要准确描述当前的翻译教学状态，就需要构建一个可信度相对较高的评价标准。教师要明白，翻译能力测试的主观性较强，因此，不可以只用简单的对错来评判，要为翻译能力建立多文字性描述的评价。如果教师能够将描述评价标准这项工作贯穿于课堂教学中，那么就能较为客观地看待学生的翻译能力测试。

## 三、我国翻译教学的学科定位

翻译专业经过多年的发展，在理论辩证和市场发展的推动下，在专家学者和广大一线教师、译者等的努力下，已经从三级学科逐步发展为二级学科，而且完善了从翻译学士、硕士到博士研究生的翻译人才培养体系。不可否认，我国翻译专业建设已经取得了很大的成绩。但是，作为一门新兴学科，对它进行恰当定位，分析它在外语教育体系中的地位及其面临的机遇与挑战，都将有助于了解该学科的发展态势，促进其全面发展。

为了保证学科的恰当定位，除了分析相关社会需求和个人需求之外，还要了解该学科的专业发展趋势，包括毕业生当年的就业率、5～10年的报酬、发展前景等。但是，目前本科翻译专业还处于萌芽状态，对就业趋势等方面的大型调查研究需要时间、人力、物力，个体很难完成。单纯以就业率评价某专业或者根据社会、市场需求设置专业存在一定弊端。某些长线专业（如基础性专业、理论性专业）虽然就业形势不好，却是国家和社会发展所必需的。《中华人民共和国高等教育法》明确规定"高等学校依法自主设置和调整学科、专业"，而且教育部已取消了《普通高等学校本科专业目录》范围内专业的审批规定，改为备案制，并在部分高校试行了专业自主权试点。这就意味着高校拥有更大的专业设置权力。国家对各专业设置需要进行适当的宏观调控，以整体把握其规模和走向。高校在考虑新专业（如翻译专业）的设立时，一方面要分析市场需求，另一方面也要考虑国家、社会以及个人需求等综合因素。据有关媒体报道，英语类同声传译的报酬为每天 1.2 万～2.1 万元人民币，非英语类为每天 1.8 万元人民币。之所以价格不菲，主要是合格的同传译人员较少，限于设备（如翻译箱、主机、翻译器、接收机）、师资、生源等具体条件，并非所有院校都可以开设同声传译专业。结合目前搜集到的资料，从社会需求角度进行剖析，笔者认为：一方面，要鼓励翻译专业的发展，以适应社会对翻译人才的需求；另一方面，要适当控制其规模，防止不论条件具备与否就盲目设立新专业，最终出现热门专业就业难的现象。本书从以下方面梳理了翻译专业的学科地位、面临的机遇和挑战等问题。

第一，确定学科地位，促进翻译专业发展。在传统的外语教育体系中，翻译课程所占比例较小，翻译课教师的地位较低，容易被忽略。随着翻译学科地位的上升，尤其是翻译成为新的本科试点专业后，已经逐步摆脱了语言学、文学的藩篱，拥有独立的教学研究领域。目前，翻译学仅是二级学科，相关教学、研究活动尚待进一步发展、丰富和完善，而其地位在一定程度上也需要得到官方的进一步的认可。有学者提出，在半官方的教育部高等学校外语专业教学指导委员会中，应该有翻译学的一席之地；建议在原有以语种划分的英语指导组、俄语指导组、日语指导组、德语指导组、法语指导组、阿拉伯语指导组、西班牙语指导组之外，再增设翻译学指导组，以表明对翻译学科发展的支持。笔者认为这一建议有其合理性，因为虽然中国翻译协会及各地方翻译协会等机构或组织比较活跃，但并不是官方组织，且不是教育教学的专业指导机构，官方的支持更有助于强化和巩固。笔者认为应该在一定市场调研的基础上，根据国家目前和未来的发展需要，组织专家学者制定专业教学大纲，在专业建设中发挥地域特色，开展翻译市场调查，组织译者培训，建设翻译精品课程，鼓励翻译教学改革立项，以保证翻译人才的培养质量，有助于学科地位的进一步确立和学科的健康发展。

第二，抓住发展机遇，适当调整发展规模。我国目前高素质的翻译人才比较匮乏，市场需求量相当大，这是翻译专业发展面临的机遇。据悉，世界翻译市场的规模达到 300 亿美元。中国在不久的未来将达到 200 亿元人民币的营业额，发展空间巨大。目前，中国的翻译市场规模在 100 多亿元人民币，其中大城市所占份额较大。国内主要的翻译公司有 263 家。翻译从业人员保守估计达 50 万人，主要集中在少数大城市中，高质量的中译外人才缺口高达 90%。随着中国图书推广计划的实施，中译外人才更是奇缺。面对这一机遇，笔者认为翻译专业有广泛的发展需求，但具体的发展规模和发展趋势需经缜密的市场调研以后方有定论。要充分考虑不同地区、不同院校的差异性，不可盲目统一设立口译、笔译、机器翻译、同声传译等专业。北京、上海、广东等城市对翻译人才需求量较大，有条件的地方院校可以重点发展翻译专业，并突出地方特色。例如，河北师范大学、复旦大学、广东外语外贸大学试点招收翻译专业本科生，在专业建设中分别突出了机器翻译、人文底蕴、复合能力等各自不同的特点。

第三，分析所面临的挑战，逐步完善翻译专业建设。在一些院校培养翻译人才的过程中，对于培养什么样的人才、应该设定怎样的培养目标、所培养的专业人才是否符合市场需要等问题并不是非常有把握，虽然这些院校存在一定的教学经验，但培养出的人才是否合格还需要通过实践进行检验。如今高校专业的设置呈现两极分化的态势，我们可以看出，在市场上竞争较为激烈的专业，在高校专业设置中的具体表现就是过分细化，具备较强的对口性与专业性，在专业的功能设置上也非常完善，但对于人文学科的教育就相对欠缺。因此，克服这一教育的弊端，使高校的教育功能得到充分发挥，使学生逐渐成长为德才兼备、专业基础扎实、实战经验丰富的翻译人才已经刻不容缓。如今的翻译环境如行业标准、行业规范与行业培训等方面并不理想，亟待加强。在很长的一段时间内，我国的翻译行业都缺乏资格标准，在翻译培养的手段与体系方面也未能达到统一。例如，现阶段大学生都倾向于考取翻译方向或专业的研究生，"翻译考证"也成为一大热潮，对于翻译专业学生增多这一现象而产生的一系列问题，如怎样提高翻译资格证书的可信度与含金量、如何保证研究生的培养质量等，翻译教学界应该尽量寻找文学翻译与使用翻译、知识拓展与能力培养、理论建设与实践应用、翻译通才教育与翻译专才教育、学校翻译人才培养与翻译培训之间的"度"，这样才能更好地解决上述问题。

我国是翻译大国，但更要成为翻译强国，仍需进一步扩大翻译人才的数量并提高人才质量，翻译市场亟须规范。翻译行业的专家应在熟悉翻译学、翻译教学、教育学、心理学等基本理论的基础上，对翻译现状、社会需求和发展趋势进行客观的评估，既不夜郎自大，也不妄自菲薄，切实做好翻译专业的合理定位，制定近、中、长期发展规划，编写出完整的教学计划，以培养高水平的翻译人才。

# 第二节　翻译教学的不同模式

这里的翻译教学模式以笔译教学的模式为例，主要介绍以学生为中心的教学理念下不同种类的教学模式。

## 一、翻译教学模式的教学基础理念

"以学生为中心"的教学是由于翻译教师仅作为知识的传授者和指导者已远不能满足教学的需求，因此教师应通过多种途径突出学生的中心地位，形成课堂上新型的师生关系的一种教学理念。这种教学理念认为翻译是对两种语言的创造性运用，因此翻译活动应涵盖在交际框架下的语言活动、文化活动、心理活动等。这种教学理念重视翻译教育的发展趋势，特别重视翻译教学环境和学生作为教学主体这两个因素。此外，这种教学理念认为教师不应再被认为是翻译操练中的带头人、翻译材料的介绍人或译文好坏的评判者，而应在翻译教学的过程中，明确学生才是积极的创造者，而不是消极的接受者，要重视学生的不同个性、学习风格、学习策略等。

## 二、"以学生为中心"教学理念下的教学模式

项目任务教学模式、"学生 + 教师 + 翻译项目"三位一体的笔译教学模式、体验式教学模式、基于语料库的翻转课堂模式、"体验 – 建构融通式"教学模式等，都是在如今以学生为中心的教学理念下出现的新型的教学模式。这些新型的教学模式都以培养学生的翻译能力为最主要目的，鼓励学生积极参与到翻译教学的过程中，通过学生自评、互评等多种形式来对翻译理论进行升华。

### （一）项目任务教学模式

项目任务教学模式以项目为依托，以任务为驱动，以建构主义学习理论为主要的理论基础。建构主义学习理论认为，学生的学习过程是在新知识内部和新旧知识之间建立联系，学生应该积极主动地建构知识，而不是被动地接受知识。项目任务教学模式以提高学生自身的翻译能力为最根本的目的。该教学模式以学生为中心，教师在该教学模式中作为学生学习的组织者、帮助者、指导者与促进者，为学生通过协作完成真实的翻译项目提供指导和帮助，让其完成自身对知识体系的构建。

## （二）"学生＋教师＋翻译项目"三位一体的笔译教学模式

"学生＋教师＋翻译项目"三位一体的笔译教学模式，是翻译教学界的专家从教学目的、教学内容与教学环节三个方面构建起来的一种新型的教学模式。在这个三位一体的笔译教学模式中，学生是该教学模式的主体因素。为了共同完成教师布置的翻译实践教学任务，学生自主自发地组成学习小组，寻找适合自己小组的翻译项目，查找资源，记录翻译日志，在小组成员间讨论译文，之后在小组成员间互评译文。教师要在翻译实践活动中与学生充分互动，对学生进行翻译前的培训，布置该翻译课程的任务，对学生的分组进行适当调整，发挥教师在翻译教学过程中的"支架"作用，对学生提交的翻译译文进行归纳与评价，实施多维评估的考核方式。

这种笔译教学模式对学生自觉掌握翻译知识和方法起着重要作用，较为重视翻译理论的习得。在进行项目翻译的过程中，为了提升自身的职业能力与双语能力等，学生要善于与客户、作者和译文读者沟通。翻译教学界的专家在翻译教学实验中应用了这种新型的笔译教学模式，并对笔译教学模式的教学结果进行了分析，分析结果表明，在这种新型的笔译教学模式下，学生的翻译能力、自主学习能力、翻译职业能力与思辨能力都得到了一定程度的提高，因此可以证明笔译课程在这种教学模式下是行之有效的。

## （三）体验式教学模式

体验式教学模式所提倡的教学理念就是学生通过参与在真实或模拟的英语学习环境中的具体活动，获得亲身体验和感受，并通过与其他学生之间的交流进行反思、总结，最终再回到学习之中去。体验式教学以学生为中心，关注学生的个性需求和个性化的学习风格，主张通过师生和生生合作，培养学生学习的主动性、探究意识和社交能力。在翻译教学中，体验式教学模式的构建主要通过翻译工作坊、建设翻译网络平台、举办翻译竞赛、撰写翻译赏析等丰富多彩的课外活动来实现。

其中，基于翻译实训平台的笔译综合教学模式受到越来越多的重视。很多高校尝试把在线网络翻译实训平台融入笔译教学，在线下进行课堂教学的同时，开展线上翻译实训活动，构建一种笔译综合教学模式。其中，课堂翻译教学为线上翻译实训活动提供翻译知识以及技巧指导，翻译实训平台则为笔译实践教学提供商业化的模拟练习环境、真实的翻译项目资源、记忆库、术语库以及供学生平时练习的双语平行语料库。

翻译实训活动以小组为单位开展，小组成员轮流担任译员、审校、项目经理、质检和排版的角色，他们通过翻译平台的"人机模拟实训"熟悉系统工作方式，在各自的小组里以项目或任务的方式进行实际翻译练习；教师既是翻译项目的管理者、课堂活动的组织者，也是学生的示范者、协助者。相关实验结果表明，这种线下线上混合式的笔译教学对学生学习自主性的提高和学生协作能力的增强有促进作用。

### （四）基于语料库的翻转课堂模式

语料库作为一种教学资源和现代化翻译工具，能够为翻译教学提供丰富的翻译案例。翻转课堂模式以自主学习为导向，强调知识的主动性建构，与将语料库应用于翻译教学的发现式学习有契合之处。

在课前环节，教师根据教学要求分析和梳理本节课的知识点，并根据学生的学习特点编辑知识点，理论部分参考教材，翻译实例则从语料库抽取，筛选例句时考虑学生的语言理解能力，坚持由易到难、由浅到深的原则。教师将编辑的知识点配合讲解录制成短视频，视频的后半部分应辅以难度适中、题量适当的习题以检查学生对知识点的理解。学生通过网络平台完成课前的学习目标，将习题的解答情况通过电子文稿反馈给教师。教师分析学生对知识点的理解情况，并在此基础上结合语料库安排课堂教学互动环节。

教师在课堂教学过程中，应该先向学生布置本节课想要学生完成的任务，再组织学生有序地进行分组讨论。在课堂上，教师可以引导学生深入分析自己在课前所遇到的问题，并帮助其解决问题。

在课堂教学结束后的课后复习巩固环节，教师要通过学生在课堂上的表现，收集学生的反馈，再从这些反馈中了解他们对于本节课知识点的掌握情况。为了使自己的教学达到更好的教学效果，教师可以从语料库中选取不同的语料，将其改编为不同形式与不同难度的、适应不同学习层次的学生的习题，以此来帮助他们完成翻译练习。

### （五）"体验－建构融通式"教学模式

"体验－建构融通式"教学模式是在整合体验哲学和建构主义教学理论观的基础上提出的，该教学模式强调教学内容的体验性，题材的广泛性，实例的典型性、鲜活性、趣味性；力求教学手段多模态化、解析过程生动形象化、角色互动化、情感体验化；主张建构语篇语境，填补语言结构空白；主张建构经验模块，让学生在学习过程中获得新理念，开发心智思维。

综上所述，教学模式和教学方法注重形式与方法手段的创新，为笔译教学带来了活力，让学生从语言的束缚中解脱出来，激发了学生的学习兴趣，增强了学生的翻译意识，对学生积累翻译经验具有积极作用。

# 第三节　翻译教学的实践应用与创新发展

## 一、我国翻译教学实践存在的问题

### （一）翻译教材存在不足

#### 1. 编写体系不够合理

如今国内的翻译教材编写不符合理论联系实际的原则，整体的编写体系缺乏科学性，这些教材在编写方面都没有使用较为科学的方式来引入翻译理论；还有一些教材，即使将翻译理论较为科学地引入其中，翻译理论与翻译实践的联系也非常松散。由此可见，我国现在的翻译教材在编写方面存在两个较大的问题，一是有些教材过于重视翻译理论，在这些教材中，使用大量的篇幅来为学生讲解翻译理论。但是，这类教材中用来为学生解释翻译理论的译例非常少，不能满足学生理解翻译理论和进行翻译实践的需要。二是有些教材过于重视翻译实践，对于翻译技巧的讲解也很琐碎，且缺乏科学的理论指导。这类翻译教材使用大量的篇幅来为学生介绍翻译技巧，而忽略了对翻译理论的阐述。这类教材过于详细地划分翻译技巧，书中有大量的译例，但这些译例也仅仅是堆砌在书中，而不为学生详细地加以解释，致使这些翻译技巧在学生实际的翻译实践中并没有起到很大的作用。除此之外，我们可以看到书中的某些译例在难易程度上具有较大差异，有些译例对于现阶段的学生来讲是具有一定难度的，学生即使使用这些技巧也很难流畅地翻译出这些文章，而有些译例对于他们来讲又极为简单，即使不使用这些简单的技巧，学生也能够完整而流畅地翻译出文章大意。

#### 2. 内容选择缺乏广泛性

一些教材在内容选择上不够全面，缺乏广泛性。在选材上过于侧重文学翻译，选材大多是文学作品、名家名译，而非文学翻译的内容却涉及很少。然而，非文学翻译内容广泛，涉及政治、经济、法律、科技、文化等各个领域，在推动历史进步、促进社会发展方面起到了巨大作用，在现代翻译实践中的绝对优势是毋庸置疑的，但非文学翻译并没有得到应有的重视。由于教材在编写过程中忽视了非文学翻译的内容，致使教材实用性不强，不利于应用型外语人才的培养。因此，翻译教材在选材上应该扩大范围，广泛涉及各种题材。除了文学作品以外，还应包括科技报告、报纸杂志、公开演讲和常用公函等题材。值得注意的是，虽然有的翻译教材侧重非文学翻译，但是内容选择过于单一。

### 3. 译例陈旧，缺乏创新

在翻译教材中，译例的选择必须与时俱进，这样才能使翻译教材达到更好的教学效果，同时满足时代与社会的进步需求。我们可以从时代的发展中发现，许多翻译教材中的译例都已经过时，虽然图书已经一版再版，但翻译教材并没有根据图书的再版而及时更换其中的例句，这样就会导致教材缺乏创新，逐渐在市场上丧失竞争力。此外，我们还可以发现，现在市场上存在的许多翻译教材在例句的引用方面存在重复的现象，这就会使学生在使用教材时丧失学习兴趣。进入21世纪，互联网技术越来越完善，计算机辅助翻译技术也在我国得到了广泛运用。与此同时，翻译语料库的建立也大大提高了译者的翻译效率和译者译出的译文质量。但计算机辅助翻译技术为翻译工作带来的便利并没有体现在现阶段的翻译教材中，这会使得翻译教学的教学效果不尽人意，进一步讲，也会在一定程度上阻碍翻译学科的发展。

### 4. 译例和翻译练习的选择缺乏针对性，翻译练习讲解不够深入

翻译学科性质的特殊性要求在编写翻译教材的过程中选用大量译例来帮助学生学习和掌握这门技能。因此，译例的选择十分关键，教材中选用的译例应该具有代表性，能够说明某一翻译技巧或相关翻译知识，从而启发学生，给学生做出正确的引导。然而，有的翻译教材所选用的译例缺乏针对性，并不能恰如其分地说明问题，甚至东拼西凑，只是简单罗列而未加点评。即便有少许点评，也不够深入，过于简单，使学生不能充分理解。还有的教材对翻译练习不够重视，练习题的设计不够合理，形式单一。所选材料比较局限，难易程度参差不齐，对于某些比较难的练习，只是给出了答案，并没有解释原因。学生在看完答案之后，仍然似懂非懂。这样的练习不但不能促进学生对翻译技能的掌握，还会打击学生学习这门学科的积极性。

## （二）翻译教学理念需要更新，教学方法、手段单一

即使人本主义、建构主义、认知主义、交际教学、任务型教学等新型的教学

理念在基础教育、大学外语教学与英语专业教学中都已经形成，但这些新兴的教学理念还未彻底地贯彻在翻译教学中。在以往的翻译教学实践中，教师对课堂教学极为重视，相应的，对学生课外的实践活动也就缺乏关注。并且，在课堂教学的过程中，教师往往以自己为中心来为学生讲解教材，让学生在自己的指导下进行翻译练习。通常来讲，教师会在一些如英汉互译等翻译专业的基础课程中使用这样的教学方式，即以一本翻译教程为主要的翻译教材，将自选理论材料或翻译练习作为翻译教程以外的课余材料，利用这些材料在课堂上为学生讲授翻译技巧。除此之外，教师还会组织学生定期进行口译、笔译和译后讨论等活动，或者为学生提交的译文作业做评价。在开展教学实践的时候，翻译教师总会花费大量的时间与精力备课，但却很难达到理想中的教学效果。有部分专家指出，现阶段我国翻译专业在教学手段上较为单一，且现在的笔译翻译主要以教师为中心，以教师的阅读与讲解作为课堂的主要内容，以文学教材与教师的板书作为向同学传播翻译理论与技巧的媒介，缺乏较为新颖的教学方式。可以借鉴香港浸会大学的翻译模式。香港浸会大学在开展翻译教学的过程中，不仅重视学生在学校的学习，对于学生在校外的实习也非常重视，并且，其在整个翻译教学过程中都贯彻了以学生为中心的教学原则。香港浸会大学翻译专业的学制是四年，大学的前两年，学生在学校中学习翻译理论与翻译技巧，第三年学校会安排学生进行校外实习，第四年学生就会回到学校继续进行翻译理论与翻译批评的学习。除此之外，香港浸会大学对于学生的翻译实战训练大多采取"翻译工作坊"的形式进行，在这个工作坊中，许多翻译项目都是外来的委约工作；与此同时，校内还会举办由各校翻译学博士生及其导师共同参与的翻译论坛。这些多种多样的教学形式与多变的教学内容能够有效提升教学质量，收获更好的教学效果。

### （三）翻译教学与现代多媒体教育技术结合不足

众所周知，多媒体、网络环境等的发展为营造良好的教学环境创设了有利条件，提供了更大的选择空间，但在实际教学中，这些设备或资源并未发挥应有的作用。我们在翻译教学手段上仍显落后，虽然在教学中逐渐引入了多媒体教室等，但仍有相当一部分地区从未使用过电教设备。事实上，诸多教师即便使用多媒体，也仅仅局限于将其作为"电子黑板"来呈现教学内容。信息呈现方式的单调往往带来教师喋喋不休、学生昏昏欲睡的现象。这样就直接影响了多媒体和网络教学的效果，既没有充分利用多媒体集音、像、文本于一体的特性，也不能充分发挥网络海量电子资源（如网络资源库、超媒体链接等）的优势。目前，已经有学者意识到这一点，正在尝试将语料库研究与翻译教学相结合。如国家社会科学基金语言学（翻译学）的项目中，就有王克非教授主持的"基于大型英汉对应语料库的翻译研究与翻译教学平台"这一课题，旨在运用语料库建构翻译教学与研究平台，促进翻译教学发展。而且，有的高校已经尝试开发电子翻译教材，以充分发挥多媒体的视觉和互动优势，活跃课堂气氛，提高学生适应实际翻译的能力。

### （四）翻译教学缺乏创新、缺乏互动

提起翻译，许多人都会认为这是一门实践性很强的学科，实际上，翻译的实践性也确实很强，由于学生存在非常明显的个体差异，因此，翻译学科中设置的一些形式多样的实践教学活动能够很大程度上满足每个个体对于翻译学习的需求，有利于激发学生的学习兴趣与热情，真正做到令学生在"做中学""练中学""译中学"。但这是一个较为理想的状态，在实际的传统教学中，教师并不会为学生提供大量的课上实践机会，而是将课上的大部分时间都用来为学生讲解知识点，并让他们做大量的练习，对于学生在学习中遇到的问题并没有做出及时的归纳处理与总结提升，也不重视教学理念与教学策略在课堂中的实际应用，这就会使学生缺乏独立思考或与同学进行合作的学习过程。在大班授课的过程中，这种情况会体现得更加明显，学生在翻译理论课上只有听课与做笔记的时间，彼此之间的交流少之又少，仅有的讨论时间也是教师将他们分成若干小组，有针对性地就某几个有问题的翻译重难点进行讨论。但课上讨论的时间较少，学生之间的讨论往往很难讨论出有价值的东西，最终还是靠教师的讲解，在教师讲解的过程中，就很难察觉到同学们的薄弱环节，无法有针对性地为其提供指导。在学生学习的过程中，他们往往会存在专业水平、翻译技能、个性、爱好、学习动机等方面的差异，若教师只顾着讲授新课而不重视学生身上体现出的这些个体差异，就会令学生产生挫败感，从而丧失学习兴趣与学习热情。现阶段，学校鼓励实行"以学生为中心"的翻译教学模式，要求教师引导学生自己发现问题、解决问题，把握学生的整体思路，并在这个过程中不断培养学生的合作精神，提高学生的翻译能力。

### （五）师资队伍能力有待提高

翻译师资队伍在数量、年龄、学历、素质、学术地位等方面与专业建设和发展存在一定差距。

首先是数量问题，受翻译学科依附于英语语言文学、外国语言学与应用语言学等专业的影响，专业的翻译教师较少，各个学科点从事翻译教学和研究的力量有限，一般不过 2～3 名翻译教师，形不成学术团队，知识结构也不尽合理。高校一般只在高年级开设口译和笔译课程，而且往往实行大班教学，只有 1～2 位教师授课。由于社会大环境存在对翻译专业特性的怀疑，翻译尤其是笔译教学一直被等同于外语教学，相关内容多由英语语言文学课程教师授课。虽然这一传统认识已经发生变化，但队伍的成熟还需要一个过程。

其次是年龄问题。在如今的高校翻译专业中，存在着一大批高学历、低经验的年轻教师。我们可以看出，教师年龄的分布并不合理，中青年教师比例较少，一般来说，有经验的老教师与高学历的年轻教师是高校翻译专业教师的主流。在这方面，不同高校的具体实际情况不同，整体看来，我国的翻译教师年龄结构正在向合理化发展。

然后是学历问题。在如今的高校翻译专业教师队伍中，一些教学经验丰富的老教师普遍没有高学历，对于学术方面的发展、创新等也没有较为前沿的认识。而学历较高的教师，教学经验却较少，且他们的科研、工作与生活压力相对较大，尤其是居住在一线城市的翻译教师，普遍存在在外兼职的现象，这就会导致其无法将所有的精力都用在高校课堂上，从而达不到理想的教学效果。作为一名高学历的翻译教师，要有及时更新知识结构的意识，不断提升自身的业务水平与学术能力，多为自己争取培训机会，使自身的专业能力跟得上时代的发展，满足社会的发展需要。

再次是翻译教师的素质问题。翻译教师一直承担繁重的教学任务，忙于备课、改作业等，没有时间和机会进一步学习、提高，自身相应的知识结构、研究能力等已经不能适应翻译学科发展的需要。多数翻译教师还缺乏严格的职业训练和学术训练，相应的理论水平和翻译实践能力都需要提高，要改变有人戏称的"不能搞翻译的人去教翻译、不会教翻译的人去研究翻译"，理论与实践完全分离的状况。受各方面因素的影响，翻译教师很少有时间和精力提升自身的理论水平和科研能力。有些翻译教师偏重于翻译本体理论研究，轻视教学实践，对外语教学、教育学、心理学等理论，特别是翻译教学理论知之甚少，而且学院式研究倾向太大，口译、笔译实践能力较差；而另外一些翻译教师偏重口译、笔译实践，虽然有实战经验但对教学理论等不甚了解。这种教师知识结构、能力的偏差往往会影响到教学效果。

最后是翻译教师的学术地位问题。如今，要想成为一名合格的翻译教师，不仅要具备丰富的学术理论，还要拥有丰富的实践经验。但正是由于翻译教师必须具备实战经验，他们出版的译作与译评等实践内容并没有很高的学术价值，因此，其在评定职称时就会遇到重重困难。随着时代的发展，翻译学科逐渐繁荣，前述这一刻板印象也得到了些许改善，翻译专业成为一个独立专业，也使相关学者有了一个特定的关于学术评估的标准。但在目前的外语教学与翻译教学中，大家还是对于外语教学更为重视，因此，提升翻译教师地位，使人们认识到翻译教学的重要性已经急不可待。

## 二、翻译教学实践的反思与改革措施

显而易见，我国翻译专业在 21 世纪得到了较为快速的发展，其在教育体系中的发展体现在学位的扩充上，实现了从学士到博士的完整构建。在翻译教育培训方面，翻译专业硕士与翻译资格证书的报名人数逐年增长，这也在很大程度上促进了翻译教学研究的发展。但即使翻译专业获得了如此大的进展，也还是存在一些问题，如教学目标不一致、课程设置缺乏系统性、教材冗长烦琐、教学方法无法与时俱进、教师队伍素质不高等。总之，我国现阶段的翻译教育事业还存在很大的发展空间，可以从以下几个方面做出切实行动。

首先，要明确翻译专业的定位和人才培养目标。科学合理的定位决定翻译学科、专业未来的地位，明确的人才培养目标决定翻译专业的办学方向。也就是说，要统一对翻译作为独立完整学科的认识，在了解社会需求的基础上，结合地域特点和专业特色，组织专家学者在广泛调研和论证的基础上，制定科学合理的教学大纲，明确培养目标，培养特色鲜明的高素质翻译人才。

其次，要科学设计翻译专业课程。在了解相关课程设计理论的基础上，结合翻译学科发展的特点与我国经济社会发展的要求，参考国内外高级翻译学院和英语专业本科专业的教育教学经验，科学合理地设置课程，保证学时、学分等的有效匹配，以保证实现培养目标。

然后，要提升翻译教材质量。在市场上，存在许多关于翻译的教材，在选择、编写与改编翻译教材这个问题上，广大专家、教师与出版者可谓煞费苦心。怎样将教材与具体科目、具体学生、具体专业、具体院校等做有机结合，则更是需要考虑的问题。要不断寻找与翻译专业适配的各版块内容，最大限度地发挥翻译教材在翻译教学中的作用。

再次，要丰富和创新翻译教学方法和手段，提升教学质量与效果。为充分了解翻译专业的教学教育特点，教师要在借用其他学科理论如教育学理论、心理学理论、语言学理论等的基础上结合现代教育技术与学生自身的个体差异，为学生创造能够激发其学习兴趣的氛围，这也有利于发挥教师在课堂上的主导作用，合理调动学生的主观能动性。

此外，要探索翻译评估方式，保证其公平、公正、合理。在学生的翻译教学实践中使用过程性评估与终结性评估相结合的评估方法进行评估，是由翻译专业的培养目标与学科特点决定的，在教师对学生进行评估时，要注意不能只使用某一种评估方式，在对学生进行评估的同时，还要反思自己的教学过程，并对其做出客观的评价，利用好评估与测试的监督反馈作用，以在未来的翻译教学中达到更为理想的教学效果。

最后，要提升翻译教师的整体素质。在了解师资队伍现状的基础上，结合外语师资教育的理论和经验，确定师资教育的目标、探索师资教育的内容和师资教育方法、完善师资教育体系，以切实培养高素质的翻译教学和研究型教师。

## 三、翻转课堂模式在翻译教学中的运用

### （一）什么是翻转课堂

翻转课堂有很多名称，诸如颠倒教室、翻转教学、颠倒课堂、翻转学习等，其实意思都一样。到底什么是翻转课堂呢？这是从英语"Flipped Class Model"翻译过来的术语，一般被称为"翻转课堂教学模式"。

在传统的教学模式中，教师将理论性的内容都放在课堂上，让学生在课下对课上所讲的知识进行巩固，而翻转课堂则是将这种教学步骤反过来，教师在备课时可以将理论教学制作成视频发给学生，让学生在课余时间完成对理论知识的掌握，这样，教师就可以在课堂上增加与学生之间的互动交流，也可以让学生之间相互讨论，教师再将他们讨论出来的问题统一解答，提升课堂效率，完成知识习得。因此，翻转课堂作为一种新型的教学形态，能够在很大程度上改善传统课堂的教学效果。

### （二）翻译教学中应用翻转课堂模式的作用分析

翻转课堂模式的最大优势就在于让学生说了算，这不仅符合教学改革的方向，同时也是翻译教学的必然要求。通过在这一教学过程中实施翻转课堂模式，能够有效地弥补以往翻译教学中缺乏实践教学这一不足。因此，完善翻转课堂教学思

路，大大丰富了教学内容，完善了教学体系，对推动教育和人才培养工作的顺利进行发挥了重大作用。翻译学科的实践性较强，要求学生经过长期的实践，并总结经验，才能保障自身具备胜任翻译活动的能力。翻转课堂的核心功能就是通过学生的自主学习更新自身的认知结构、提高社会实践能力，理论上为两者的结合提供了可能。

第一，教学理论与学生在学习翻译时的积极性与主动性随着大学翻译教学体系的完善而不断发展，在这一教学体系中，学生与教师增强了彼此间的互动交流，学生也能够通过这个平台进行自主学习与测验，相较于之前的外语实践教学存在的问题已经得到了很大的改善。第二，"翻转课堂"是一种新兴的教学理论，翻译专业将翻转课堂与教学活动结合起来，实现了翻译专业的创新发展，也进一步促进了教学改革。为提升学生对于翻译教学的积极性与主动性，翻转课堂将课堂上教师与学生的角色进行了互换，由学生在课堂上自由发问，而教师只是答疑解惑。第三，在课堂教学中使用翻转课堂模式，对于促进翻译教学活动的顺利开展有着非常积极的作用，也能够通过这种模式培养专业人才。

1. 实施翻转课堂具有很强的现实意义

翻转课堂采用先学后教的教学模式，利用信息技术设备，让学生在上课前进行知识的自主学习，进而把课程知识的应用与探究放在课堂上。学生在课前进行学习时，对于课件或教学视频中的难点可以反复观看，有疑问的地方也可以记录下来，在课堂上向教师提出，或者直接通过网络向教师提问，从而让教师有针对性地备课。课堂上，教师除了对难点进行答疑解惑之外，也会组织学生进行知识分享和小组讨论等互动活动。这种教学模式不仅增加了师生间的沟通，也提升了学生在课堂中的参与度，还促进了翻译教学效果的提升。

2. 翻转课堂符合翻译教学的特点

翻译课程的掌握是无法通过只学习理论知识来达到的，要想完全掌握翻译技能，只能在实践过程中不断积累翻译技巧与翻译经验，努力提升自己的翻译能力。当前，"以教师为中心"的直线型教学模式在课堂上仍旧存在，即教师只为学生讲授具体的翻译技巧与能够解决问题的具体翻译方案。这种教学模式不利于提高翻译专业学生的能力，其翻译积累也会由于翻译实践活动较少而欠缺，无法树立服务市场的意识。在实施了翻转课堂教学模式后，教师就可以针对这些问题有效地组织学生进行翻译实践，不断丰富学生的翻译技巧与实践经验，最终实现学生翻译能力的提升。因此，翻译教学的特点决定了翻转课堂教学模式实施的必要性。

### （三）翻转课堂在翻译教学中的应用思路分析

#### 1.探索全面完善的翻转课堂应用思路

想要将翻转课堂理论与该教学模式紧密融合，需要根据目前英语翻译课程的相关要求，设置符合翻转课堂教学理论的教学计划和内容。通过充分结合翻转课堂理论的一系列具体要求，优化教学结构，达到大学英语翻译课程对人才的衡量标准与客观要求。

#### 2.结合教育技术的创新与发展，融入全新的教学元素

教师在利用翻转课堂教学模式为学生进行翻译课程教学时，为加深学生对翻译实践的印象，要充分利用视频资源与语音课件等一系列现代教学资源，弥补传统教学中的空白。为最大限度地实现课堂教学的价值与意义，可以详细分析翻转课堂教学理论的应用背景与现状，将培养本专业人才的客观要求与丰富的教学资源和创新的教学形式相结合，以此来弥补社会实践经验的不足。

#### 3.完善教学反馈机制，提升学生的学习成绩

以往整个教学活动都是以教师为主导，学生缺乏应有的积极性和主动性。因此，结合本课题所探索的教学思路和模式，在高校翻译教学中，率先应用翻转课堂教学理论，通过完善教学互动反馈机制，从根本上实现学生学习成绩的提升。

#### 4.结合教学要求，设置切合实际的课堂教学方案

为达到教学模式的创新发展，高校翻译专业应该着眼于社会中对大学毕业生的具体要求，以翻译教学理论为现实依据，尽可能贴合翻转课堂的教学模式，将理论教学与实践教学相结合。为达到课程教学的目的，有效提升学生的翻译能力，学校应该努力探索如何更好地将翻转课堂理论应用在高校翻译专业中，以便能够更好地增强学生的实践性与主动性。

### （四）大学翻译翻转课堂教学模式设计

#### 1.课程开发

课程开发是一项需要教师在课前完成的工作，课程开发作为整个课堂教学的基础，决定着翻转课堂在课堂教学中的应用效果。教师对课程进行开发是一项非常考验教师授课经验的一件事，在开发课程时，教师需要充分考虑学生具备怎样的认知结构，以及能否吸收接下来学习的新知识与新技能，同时将其转化为自身的能力，还要为学生选择难易程度适中的翻译材料、使用合理的教学方法。除此

之外，教师还可以制作与学习有关的视频，为学生提供较为新颖的学习方式，通过视频进行翻译学习能够让学生更好地掌握每个翻译细节。

## 2. 学习先行

学习先行，即学生的自主学习发生在课前。得到教师开发好的资源后，学生应该积极地进行自主学习。通过观看学习视频、学习文档、演示文稿等掌握初步的段落翻译技能；遇到难以理解的地方时可以反复观看视频进行学习，也可以选择与同学或教师进行交流，最终掌握重难点；确有不能解决的难点，可以留到课堂上，在教师的帮助下解决。在学习过程中，有困难的学生，可以通过 QQ 群、微信群或微博等网络媒介与教师进行即时交流。同时，教师也可以对学生的学习过程起到督导作用。

## 3. 课堂内化

课堂内化是通过教师在课堂活动中落实学习先行的方式帮助学生形成知识体系的构建，在这个学习方式中，教师需要与学生共同协作，帮助学生解决他们在学习中遇到的种种问题，并让他们通过教师的引导在大脑中将知识系统化，使其将学到的翻译知识转化为自身的实践能力。

## 4. 评价反馈

评价反馈是一项测评学生学习效果的工作，是指教师挑选文章段落让学生进行翻译，以学生的翻译情况来评定学生对已完成的翻译技巧是否掌握、翻译能力是否提升的测评工作。在教学过程中设置评价反馈主要是为了对学生的学习效果如学生是否能够掌握段落翻译概念与应对步骤，以及具备了怎样的实践操作能力等有一个客观准确的了解。与此同时，评价反馈也可以在一定程度上体现出教师的教学效果、课程开发质量与课堂内的引导效果。

# 四、人工智能技术在高校翻译教学的应用

## （一）人工智能翻译的发展与影响

### 1. 人工智能翻译发展水平

21 世纪，伴随着科技的不断创新及互联网络的日益庞大，人们对翻译质量和性价比的要求也愈加严格。在此种形势下，人工智能翻译的出现成为必然。事实上，机器翻译早在 20 世纪 30 年代初就已出现，科学家总结出了机器翻译的具体实践方法，并设计了一个由轨道和平板组合而成的原型，依靠机械原理简单地

进行翻译工作，但是并未成功。在之后的几十年，随着计算机的普遍使用，大数据时代也随之到来。人们将视野转向通过构建双语语料库，来提高机器翻译的性能。事实证明，这一研究是机器翻译领域的一次重大飞跃。现在的机器翻译基于语料库，主要形成两种翻译网络，即循环神经网络和卷积神经网络。以百度翻译为例，早在2015年，百度就率先发布世界上首个神经网络翻译系统，大幅提升了翻译质量，引领机器翻译进入神经网络翻译时代。

虽然机器翻译代表了科技在翻译方面取得了非常卓越的成果，但是机器翻译仍旧存在自己的弊端，就是机器并不能将翻译的内容完全准确地呈现在人们眼前，也不能自动对翻译有误的内容进行校验，特别是在面对复杂语句的语序与涉及一词多义等翻译技巧的翻译时，机器翻译的准确度就会下降。在这种情况下，人工智能翻译这一新型的翻译理念也就应运而生了，人工智能翻译是一种人机结合的翻译方式，它是利用机器进行初稿翻译，翻译完毕之后再让专业的译者对译文进行校对。在人与机器协同翻译文章的过程中，机器不断地从人类语言中学习一些特殊的表达方式，对自己现有的语料库进行更新优化，人类也能够从机器翻译中学习到一些新的表达方式，完成人机相互结合、彼此学习的过程。此外，现代社会对于翻译的要求越来越高，而人工智能恰好能同时满足高效率、高水准与低成本的市场要求。有些研究者认为，机器翻译、人工智能翻译与译者在未来的发展中会呈现出这样一种趋势，即机器翻译是一种最低端的翻译方法，中端的翻译方式则是人工智能翻译，而具备高语言水平与高翻译技能的译者则仍旧是市场中最渴求的高端翻译人才。由此可知，虽然人工智能翻译并不会完全代替译者这个工种，但是人工智能也会在一定程度上为译者减轻工作压力、提高工作效率，在科技翻译领域，人工智能翻译会以其自身的独特优势为译者提供非常大的便利。

2. 人工智能翻译对高校翻译专业教学的影响

科学技术日新月异，市场需求也在随着时代的发展而不断变化，人工智能的出现是社会进步的必然。对于翻译专业本科生而言，面对人工智能不应恐慌、不安，反而应该坦然接受并加以利用。机器不具备人的思维，在未来很长的一段时间里，机器也无法拥有与人相同的认知和情感，也就是说，要想让机器翻译完全取代人工翻译，人类仍需不断探索。

事实上，目前国内很多高校已经开始关注翻译市场的发展和需求，并顺应形势，积极调整教学大纲和课程设置，最大限度调动翻译专业学生的学习积极性，以求在数字化时代培养智能化的翻译人才。教师在教授传统的翻译技巧与理论的基础上，也会指导学生如何驾驭人工智能翻译，如何在机器的协助下提供更高质量的语言服务。比如，很多语言类大学均开始使用机器类辅助教学软件。以基础的英文写作批改平台"批改网"为例，软件通过语料库对上传作文进行单词和基础语法的检查，并综合文章整体水平进行评分，学生亦可根据提示反复修改确定无误后再进行提交。这一学生与机器的配合过程提高了教师批改作文的效率，为教学工作节省时间。另外，笔译教师多使用试译宝、Trados、MemoQ等翻译软件带领学生开展翻译项目实践。综合来看，高校管理者及翻译专业师生已经意识到，未来市场所需要的不再是仅能掌握翻译原理和技巧，却对机器翻译知之甚少的"翻译天才"，而是能够结合时代发展需求提供高效率、高水准翻译服务的人才。

### （二）人工智能在实际教学中的应用现状与前景分析——以口译课堂为例

在大数据、网络技术、软件平台等科技应用出现后，教师和学生可以借助幻灯片和录音机等设备便利地实现授课过程。AI（Artificial Intelligence）时代，人工智能技术在不断更新创造的同时也在为教育事业的发展添砖加瓦，将人工智能应用到课堂口译教学中，会形成更全面、更高效的课堂授课模式，这也是大势所趋和社会必需。

因此，笔者以"讲—说—检—讲—练"的人工智能化口译课堂模式开展实验课，进一步研究人工智能化口译课堂模式相对于传统口译课堂授课模式的优点。

笔者选取以"十九大"为主题的口译模拟练习，授课时长90分钟。

#### 1. 课前准备

针对教师——第一，要做好译前准备，即搜集"十九大"中英文翻译的相关内容。第二，接纳并熟练操作人工智能系统。

针对学生——对教师即将授课的内容进行预习。

#### 2. 课堂教学

课堂教学的第一个阶段就是教师对学生的"讲"，教师在这个阶段主要是利用"十九大"相关材料为学生进行实例解析，以此来为学生讲授口译技巧，在此过程中，学生可以对"十九大"中领导人提出的新思想、新概念等的英语表达和一些会议口译翻译技巧有大致了解，并在课下及时复习巩固，达到熟练掌握的程度。

在新型的口译课堂中，虽然人工智能翻译已经被广泛地运用，但教师对于口译理论与技巧的讲解还是非常有必要的，学生要想形成系统的翻译理论知识体系，就要重视教师的讲解，为有效提升个人的翻译素养，学生还要重视自己的口译实践。

课堂教学的第二个阶段就是"说—检"，即教师让学生对"十九大"相关音频进行口译，并在智能系统中上传口译内容，系统识别到学生提交的口译内容之后就会对其进行检测，并及时反馈口译质量，学生再对反馈回来的问题进行修改、调整，再次上传后就可以提交给教师了。在此过程中，教师也可以对学生的口译音频进行抽查，评估教学效果。

我们平时所说的"语料"就是学生的口译内容。在传统的教学课堂中，只有教师对学生进行口译技巧评价时才会接触到学生的语料，因此我们可以发现，语料在具体的教学活动中并不存在非常高的利用价值。而人工智能口译课堂与传统课堂相比，最大的区别就是其能够将语料的利用价值发挥到最大，这样也有利于全面评价学生的口译能力。截至现在，市面上大部分中英文语音识别技术都能够达到93%及以上的正确率。人工智能系统将学生上传的语料进行一系列的转换，从语音到文本，再从文本到文本，最后再将文本转换为语音，人工智能系统的这个功能除了将学生的语料"说给教师听"，还能够使用智能系统对语料的正确性做相应的检查。

学生要意识到，自己在进行口译训练时，要勇于张嘴"说"，只有开始张嘴练习，才能知道自己的发音是否标准、在词汇及语法的使用方面是否存在误区以及翻译内容是否正确等，只有了解了这些问题，才能够在日后的口译实践中不犯类似的错误。在口译课堂中应用语音识别技术，能够有效筛选出错误的语料，并对其进行统计与反馈，提醒学生在翻译的过程中出现的基础错误，弥补传统教学模式中对于"说"的不足。

第三阶段"检—讲"，在所有学生均将口译材料上传完毕后，教师根据系统对译述内容提供的错误率及错误类型分析报告对学生进行评价。第二阶段中的"检"是人工智能系统对学生的语料的检查，第三阶段中的"检"是教师通过人工智能系统的错误类型分析报告对学生进行的综合检查。在口译课堂教学环境中，一些教师为平衡教学进度，会选择性地忽视学生在实践时出现的基础错误。因此，智能系统将在短时间内快速检测每一位学生的语料，并向教师提供个性化的错误报告，帮助教师直观而全面地了解学生在口译过程中的不足，提醒教师有针对性地加强训练。最后，教师利用系统提供的错误类型分析报告对学生的语料内容进行讲评。相比于传统的口译课堂，教师的点评将更具有针对性。口译课堂是个性化的课堂，学生译文中出现的问题大多因人而异，人工智能系统能够帮助教师尽可能地在有限的课堂中完成对每一位学生更具体、更专一的讲评。

3. 课后"练"

教师在为学生授课完毕之后，要及时为学生布置课下的复习与练习作业，让他们利用智能软件对模拟的场景进行人机互译，以此来达到巩固课上所学知识点的目的。在之前的口译课堂中，不仅教师无法检验学生在课下进行口译实践的成果，而且学生实际上也并没有太多能够进行口译实践的有利环境。而如今，人工智能不断发展，在现在的教学系统中，收录了许多模拟场景的音视频训练课程，学生可以在课下通过观看这些训练课程对学习到的实践技巧进行巩固，不断复习，加深对知识的掌握。

自从人工智能开始普及到翻译专业的教学中，授课教师明显能感受到课堂效率的提高，其也能更好地运用课堂上的有限时间为学生进行知识的讲解，并对学生的练习进行评价，长此以往，学生在运用翻译技巧时就会有较为明显的改善。人工智能系统在翻译教学中的应用使得翻译教师的教学进度与教学质量逐渐趋于平衡。而人工智能作为新时代教学发展到一定阶段的产物，其在口译课堂上的应用也极大地提高了学生的口译能力。

# 参考文献

［1］高华丽.翻译教学研究［M］.上海：上海交通大学出版社，2020.

［2］甘露，骆贤凤.文学翻译漫谈［M］.武汉：武汉大学出版社，2019.

［3］刘宓庆.文体与翻译［M］.北京：中译出版社，2019.

［4］卢璨璨.英语翻译教学方法理论研究［M］.天津：天津人民出版社，2019.

［5］罗琼.翻译教学与研究初探［M］.西安：西安交通大学出版社，2017.

［6］王宝川.计算机辅助翻译［M］.重庆：重庆大学出版社，2018.

［7］冉永红.新形势下的本科口译教学［J］.中国翻译，2013，34（05）：
44–48.

［8］谢盛良.论计算机辅助下的翻译能力拓展［J］.英语广场（学术研究），
2013（09）：3–5.

［9］周亚莉.翻译专业笔译教学：理念与方法［J］.中国翻译，2013，34（05）：
39–43.

［10］祝一舒.从文字翻译到文学翻译：许渊冲的文学翻译艺术观探析［J］.外
语与外语教学，2018（06）：126–132.

［11］张宁.计算机辅助CAT技术在现代人文著作翻译中的应用前景［J］.黑
龙江工业学院学报（综合版），2019，19（07）：109–113.

［12］刘昭君.文学翻译与非文学翻译之间的区别［J］.黑龙江教育学院学报，
2019，38（08）：118–120.

［13］耿颖会，周淑莉.浅析解构主义翻译视域下广告语的翻译［J］.英语广场，
2021（31）：23–25.

［14］张雨，肖飞.试论英语广告中的修辞艺术［J］.英语广场，2021（23）：
69–72.

［15］聂鸿飞.旅游英语的特点及翻译的路径选择［J］.海外英语，2022（06）：
21–22.

［16］沈秋敏，梁晓冬，韩冰，等．基于生态翻译学的旅游英语翻译策略［J］．当代旅游，2021，19（30）：25-27.

［17］方梦之．应用（文体）翻译学的内部体系［J］.上海翻译，2014（02）：1-6.

［18］罗选民，于洋欢．互文性与商务广告翻译［J］.外语教学，2014，35（03）：92-96.

［19］王敏．互联网辅助翻译工具及其应用研究［J］.英语广场，2021（26）：13-16.

［20］吕立松，穆雷．计算机辅助翻译技术与翻译教学［J］.外语界，2007（03）：35-43.

［21］穆雷，邹兵．翻译的定义及理论研究：现状、问题与思考［J］.中国翻译，2015，36（03）：18-24.

［22］卢小军．国家形象与外宣翻译策略研究［D］.上海：上海外国语大学，2013.

［23］单单．广告翻译问题研究［D］.沈阳：辽宁大学，2014.

［24］边鑫．跨文化视域下的旅游外宣翻译［D］.哈尔滨：哈尔滨工业大学，2013.